Sigrun Kanitscheider

Kinderwagen- & Tragetouren

Tirol: Innsbruck und Umgebung

mit Werdenfelser Land

Karwendel, Wettersteingebirge, Stubaier und Tuxer Alpen

47 lohnende Wanderungen

für das Baby- und Kleinkindalter

+ 7 extreme Touren

Hrsg.: Elisabeth Göllner-Kampel

Wir freuen uns über Rückmeldungen, Eindrücke, Hinweise an:
Wandaverlag, Kennwort: Tirol, office@wandaverlag.com.

Satz: Julia Weinert
Illustrationen: Sabine Köth, Julia Weinert
Kartographie: Sigrun Kanitscheider, Kartengrundlage: Land Tirol – TirisMaps 2012 und Openstreetmap (© OpenStreetMap contributors)
Lektorat: Johanna Weber

ISBN: 978-3-9502908-5-1
Kinderwagen- & Tragetouren. Tirol: Innsbruck und Umgebung mit Werdenfelser Land. Karwendel. Wettersteingebirge, Stubaier und Tuxer Alpen.
47 lohnende Wanderungen für das Baby- und Kleinkindalter + 7 extreme Touren.
Verlag: wandaverlag.at, Wanda Kampel VerlagsKG,
Römerstraße 16, A-5081 Anif b. Sbg., 2., erweiterte und aktualisierte Auflage 2018.

Gedruckt nach der Richtlinie des Österreichischen Umweltzeichens „Druckerzeugnisse", Christian Theiss GmbH, Nr. 869

Umschlagfoto: Blick vom Weg nach Heiligwasser auf die Nordkette.
Fotos: Sigrun Kanitscheider, mit Ausnahme der Bilder zu den Wanderungen Pleisenhütte, Patscherkofel und Schlüsseljoch: Claudia Kanitscheider.

Die Autorin hat die Beiträge mit größter Sorgfalt zusammengestellt. Für Richtigkeit und Vollständigkeit der Angaben kann keine Gewähr übernommen werden. Die Benützung dieses Führers geschieht auf eigenes Risiko. Eine Haftung für Schäden und Unfälle wird weder von der Autorin noch vom Verlag übernommen. © Das Werk ist urheberrechtlich geschützt. Nachdruck und Vervielfältigung, auch auszugsweise, nur mit Genehmigung des Verlags.
Der leichteren Lesbarkeit halber wurde durchwegs die weibliche Anrede verwendet.
Natürlich sind damit auch alle Männer gemeint.

Vorwort

Als sich nach der Geburt meiner beiden Mädel die Wogen des großen Ereignisses geglättet hatten, begannen meine Gedanken und Blicke immer mehr über Berge und durch Täler zu wandern, und bald folgte ich selbst, den Kinderwagen unternehmungslustig vor mir herschiebend. Anfangs verschliefen meine Kinder meist die ganze Tour, mit jedem Monat aber wuchs das Interesse an den vorbeiziehenden Bäumen, dem Gras neben der Krabbeldecke, dem Plätschern der Bäche und Brunnen. Mit den ersten Schritten auf eigenen Füßen kam dann die Freude am Steinesammeln und Blumenpflücken. Für mich waren die Unternehmungen oft wie ein Kurzurlaub vom Babyalltag zwischen Wickeln, Breikochen und Wäschewaschen. Und je zufriedener die Mama war, desto entspannter waren meist auch die Babys.

Ich empfehle, mit einfachen Wanderungen zu beginnen und dabei ein Gefühl für das eigene Tempo und den Rhythmus deines Kindes zu gewinnen. Während der Schlafzeit lassen sich schnell beträchtliche Strecken zurücklegen, in den Wachzeiten verfliegt die Zeit oft (mit Füttern, Wickeln, später auch mit selber Gehen), ohne dass man weiterkommt. In einer Gruppe von Gleichgesinnten macht eine Wanderung natürlich noch mehr Spaß, wird deren Anzahl jedoch zu groß oder sind die Interessen und Bedürfnisse zu unterschiedlich, steigt der Stresspegel schnell an.

Nun wünsche ich dir und deinem Nachwuchs viele unvergessliche Erlebnisse beim Wandern, ob gemütlich in den Tälern, spektakulär in die Höhen hinauf oder erfrischend an einem der Seen.

Oberperfuss, im Herbst 2012   Sigrun Kanitscheider

Aus meinen Kinderwagenbabys sind mittlerweile Schulkinder geworden, die mich auch bei der Aktualisierung des Buches für die zweite Auflage begleitet haben (manchmal mit Fahrrädern und besonders gerne, wenn ein gemeinsames Seeschwimmen in Aussicht war). Die neugierigen Krabbelkinder haben sich zu überaus routinierten, (mal mehr, mal weniger) motivierten Wanderkindern gemausert und heute wie damals ist die gemeinsame Zeit draußen für uns unersetzlich.

Oberperfuss, im Herbst 2017   Sigrun Kanitscheider

Die Autorin

Dr. Sigrun Kanitscheider wurde in eine „Kinderwagenwanderfamilie" hineingeboren. Vom Kinderwagen aus lernte sie schon als Baby auf langen Touren die Tiroler Bergwelt kennen, in die sie ihre Bergsteigereltern karrten. Als die eigenen Füße zu tragen begannen, verbrachte sie die Kindheit und Jugend mit Wandern und Bergsteigen rund um das heimatliche Stubaital. Davon geprägt entschied sie sich für ein Geographiestudium, das sie schließlich mit dem Doktorat in Innsbruck beendete. Dort widmet sie sich nun beruflich der Gebirgsforschung in den Alpen und Anden. Mit ihren 2010 geborenen Zwillingsmädchen hat sie die Touren in der Innsbrucker Umgebung ausgesucht, begangen und dokumentiert.

Wie alles begann ...

Der Wandaverlag wurde 2008 gegründet. Als kleiner Verlag am Fuße des Untersbergs sind wir auf Kinderwagen- und Familien-Freizeitführer spezialisiert. Die ersten Bücher entstanden bereits 2002 - Wanderbücher für Kinderwägen gab es bis dahin noch nicht. Nach und nach sind immer mehr Mütter als Autorinnen für uns aktiv geworden und mittlerweile gibt es in vielen Regionen Österreichs und Süddeutschlands ein Familienwanderbuch von uns. Durch akribische Recherchen, genaue und trotzdem nicht zu langatmige Angaben möchten wir Zeit zum Genießen verschaffen. Die Auswahl ist bunt, von lebendigen, bekannten Touren bis hin zu einsamen Wegen.

Wunderschöne Erlebnisse wünschen euch

Elisabeth Göllner-Kampel (Herausgeberin) und das Wanda-Team

Inhalt

Vorwort 3
Überblickstabelle der Wanderungen 6
Erläuterungen zum Gebrauch des Wanderführers 13
Legende / Abkürzungen 18

I. **Karwendel und Rofan** 19
   Nordkette, Achensee
II. **Wettersteingebirge und Mieminger Kette** 45
    Werdenfelser Land, Mieminger und
    Seefelder Plateau, Leutasch
III. **Stubaier Alpen** 78
     Sellrain, Stubai, Gschnitz
IV. **Tuxer Alpen** 129
    Navis, Östliches Mittelgebirge, Schwaz
V. **Für Kinderwagenextremisten** 160
   Da geht doch noch mehr!

Tipps zur Ausrüstung 176
Register 186
Überblickskarte .... hinterer Umschlag

Überblickstabelle der Wanderungen

I. Karwendel und Rofan	Char.	Dauer 1h 2h	Anf.	Seite
1. Achenseeuferweg	⇄		🟢	20
2. Falzthurnalm / Gramaialm	⇄		🟢🔵	23
3. Hinterhornalm / Walderalm	⇄		🔴	26
4. Adolf-Pichler-Weg	⇄		🔵	29
5. Schillerweg / Alpenzoo	⇄		🟢	32
6. Arzler Alm	⇄		🟢	35
7. Innpromenade	↻		🟢	38
8. Höttinger Bild	⇄		🔵	40
9. Walchensee	⇄		🟢	42

II. Wettersteingebirge und Mieminger Kette	Char.	Dauer 1h 2h	Anf.	Seite
10. Klaiser Seenrunde	↻	3h 30	🔵	46
11. Eibsee	↻		🟢	50
12. Wildensee am Kranzberg	⇄		🔵	53
13. Riedboden	↻		🟢	56
14. Ferchensee / Lautersee	⇄		🟢	59
15. Leutascher Achweg	⇄		🟢	62
16. Gaistalalm	↻		🔵	65
17. Lottensee–Wildmoossee	↻		🟢	68

Höhen-meter	Länge	Öffis	Schatten	Hochsommer / Baden	Regen	Winter / Rodeln	Kinderattraktion	Ausflugsziel
30	7,8		◔	-/x			★★	ja
100/300	3,2/7,2		◔				★★	ja
650	6	x	◔					nein
200	4,5	x	◐					nein
50	2	x	◐		x		★★	ja
280	3,2	x	◕			-/x	★★	nein
10	5	x	○		x		★★	ja
120	1,3	x	◕		x		★	ja
10	3,7		◐	x/x			★★	ja

Höhen-meter	Länge	Öffis	Schatten	Hochsommer / Baden	Regen	Winter / Rodeln	Kinderattraktion	Ausflugsziel
100	12,3	x	◔	x/x			★★	nein
50	7		◕	x/x			★★	ja
150	2,2			x/x			★★	nein
0	5,6		◔		x			ja
100	3,2		◐	x/x			★★	ja
20	7,3		◕	x/-				nein
200	7,8		◔					nein
50	5		◐	x/x		x/-		ja

II. Wettersteingebirge und Mieminger Kette	Char.	Dauer 1h 2h	Anf.	Seite
18. Möserer See	⇄	▬	●	70
19. Lärchenwiesenweg Obsteig	↻⇄	▬▬▬▬▬	●	72
20. Loisachquellen/Mittersee	⇄	▬	●	75

III. Stubaier Alpen	Char.	Dauer 1h 2h	Anf.	Seite
21. Piburger See	⇄	▬	●	80
22. Feldringalm	⇄	▬▬	●	83
23. Kühtaier Seen	⇄	▬▬▬▬	●	86
24. Gleirschalm	⇄	▬▬	●	89
25. Lüsener Fernerboden	⇄	▬▬▬	●	91
26. Oberperfer Wiesenweg	↻	▬▬	●	93
27. Götzner Panoramarunde	↻	2h 45 ▬▬▬▬	●	96
28. Innsbrucker Almenweg	↻	▬▬▬▬▬	●	99
29. Telfer Wiesen	⇄	▬▬▬▬	●	102
30. Falbesoner Au	↻	▬▬	●	105
31. Bärenbad–Sedugg	⇄	▬▬▬▬	●	108
32. Franz-Senn-Weg	↻	▬▬▬	● ●	111
33. Pfurtschell–Kaserstattalm	⇄	▬▬▬▬▬	●	114
34. Stubaier Sonnseite	⇄	▬▬	●	117
35. Laponesalm	⇄	▬▬	●	120
36. Bachwiesenweg Trins	⇄	▬▬▬	●	123
37. Obernberger See	⇄	▬▬	●	126

Höhenmeter	Länge	Öffis	Schatten	Hochsommer / Baden	Regen	Winter / Rodeln	Kinderattraktion	Ausflugsziel
10	1,6		◐	x/x		x/-	★	nein
200	9,2	x	◐	x/-			★★	nein
50	2,9		◐	x/x			★★	ja

Höhenmeter	Länge	Öffis	Schatten	Hochsommer / Baden	Regen	Winter / Rodeln	Kinderattraktion	Ausflugsziel
30	1,3/1,8		◐	x/x		x/x	★★	ja
200	2		◔	x/-		-/x	★	nein
350/400	3,5/4,6	x	○	x/-			★	nein
150	1,8	x	◐	x/-		-/x	★★★	nein
100	2		○	x/-		x/-	★	ja
60	3	x	◔			x/-		nein
200	9	x	◔				★★	ja
100	7,7	x	●	x/-			★★★	ja
150	5,5	x	◔				★	nein
100	6,5	x	◔	x/-			★★★	ja
300	4		○					nein
100	5	x	◐	x/-			★	nein
600	6		◐					nein
50	4	x	○				★★	nein
200	3	x	◔				★★	ja
20	3,2	x	○	x/-	x	x/-		nein
170	2,1	x	◔	x/-		-/x	★★	nein

IV. Tuxer Alpen	Char.	Dauer 1h 2h	Anf.	Seite
38. Naviser Almenrunde	G	4h 30	●	130
39. Heiligwasser	GGGG		●	133
40. Rosengarten	GGGG		●	136
41. Lanser See	G		●	139
42. Tummelplatzweg / Schloß Ambras	⇄		●	142
43. Teufelsmühle	⇄G		●	145
44. Judenstein	G⇄		●	148
45. Rinner Alm	⇄⇄		●	151
46. Nonsalm–Lafasteralm	G	4h 30	●	154
47. Schwazer Kapellenweg	G		●	157

V. Für Kinderwagenextremisten	Char.	Dauer 1h 2h	Anf.	Seite
48. Pleisenhütte	⇄⇄		●	162
49. Wettersteinhütte	⇄⇄		●	164
50. Schlicker Alm / Kreuzjoch	⇄⇄	3h 15	●	166
51. Falbesoner Ochsenalm	⇄⇄		●	168
52. Blaser(hütte)	⇄⇄	3h 30	●	170
53. Patscherkofel	⇄⇄	4h	●	172
54. Schlüsseljoch	⇄⇄	3h	●●	174

Höhenmeter	Länge	Öffis	Schatten	Hochsommer / Baden	Regen	Winter / Rodeln	Kinderattraktion	Ausflugsziel
450	12		◑				★	nein
250	4,5	x	◐	x/–			★	nein
100	5,5	x	○		x	x/–	★	nein
100	5	x	◐	x/x			★★★	ja
50	2,5	x	◕	x/–	x		★★	ja
50	5	x	◐	x/–				nein
30	2,3	x	◑		x		★	nein
470	4	x	◕	x/–		–/x		nein
550	16	x	◐	x/–		–/x	★	nein
250	6,5	x	◐				★	ja

Höhenmeter	Länge	Öffis	Schatten
770	7,3		○
525	4,2		○
650/1080	5,5/8,7		◐
620	4,7		◐
900	8		◐
1200	10,6		○
830	6		○

Nur für erfahrene Alpinistinnen empfohlen!

Zeichenerklärung der Inhaltsangabe

Charakteristik (Char.):

↻ Rundweg

⇄ Hin- und Rückweg

Balken für Dauer: ▬▬▬

An der Länge der Balken kann man erkennen, wie lange die Wanderung für eine Strecke dauert. Bei Rundwegen wird die Gehzeit für den gesamten Weg angezeichnet. Die hellgrauen Balken zeigen an, ob und inwiefern die Wanderung verlängert werden kann. Näheres in der jeweiligen Wegbeschreibung.

Anforderung (Anf.):

● Leicht ● Mittel ● Schwer ● Brutal

Näheres zur Anforderung im nächsten Kapitel "Zum Gebrauch des Wanderführers"

Schatten:

Die dunklen Kreise in der Übersicht zeigen an, in welchem Ausmaß der Weg schattig ist:

○ Auf der gesamten Route ist kein Schatten (optimal im Winter).

◐ Der Weg liegt nur zu einem Viertel im Schatten.

◐ Die Hälfte der Wegstrecke ist schattig.

◕ Der Großteil der Strecke liegt im Schatten oder auch lichtem Wald.

● Der gesamte Weg liegt im Schatten.

Hochsommer / Baden bzw. Winter / Rodeln:

Das x gibt jeweils an, ob der Weg
- bei großer Hitze im Hochsommer besonders geeignet ist,
- eine Bademöglichkeit bietet,
- im Winter geräumt/gestreut wird,
- im Winter eine Rodelbahn ist.

Erläuterungen zum Gebrauch des Wanderführers

Anforderung:
In der Anforderung sind die Wegbeschaffenheit und die Steigung beschrieben. Die Länge der Tour wird durch die Zeitangabe ergänzt.

Der üblichen Kategorisierung der Wanderwelt wurde die Farbe grün vorangestellt, denn was zu Fuß als leicht eingestuft würde, ist mit dem Kinderwagen oft bereits mittelschwierig.

- **Grün** = leicht mit dem Kinderwagen. Die Wegbeschaffenheit ist gut (asphaltiert oder Kiesweg oder guter Schotterweg) und die Steigung gering. Es ist kein geländegängiger Kinderwagen notwendig, der Weg ist auch „Buggy-geeignet". Meist werden nicht mehr als 100 Höhenmeter überwunden.

- **Blau** = mittelschwierig mit dem Kinderwagen, jedoch meist leicht zu Fuß. Die Wegbeschaffenheit ist noch immer gut, meist Schotterwege, es kann jedoch holprige Teilabschnitte geben oder einige wenige Stufen. Die Steigung ist mäßig bzw. nur kurz steil. Ein geländegängiger Kinderwagen wird empfohlen. In der Regel sind zwischen 100 und 300 Höhenmeter zu überwinden.

- **Rot** = schwierig mit dem Kinderwagen, jedoch meist mittelschwer zu Fuß. Die Wegbeschaffenheit ist teilweise schlecht oder ausgewaschen. Die Steigung ist mit dem Kinderwagen kräfteraubend. Ein geländegängiger Kinderwagen ist unumgänglich, Handbremsen sehr empfehlenswert. 300 bis 600 m Höhenunterschied machen diese Wanderungen schon zu kleinen Bergtouren.

- **Schwarz** = Brutal. Exklusiv und nur für den Tiroler Wanderführer gibt es auch ein Kapitel mit grenzwertigen Wanderrouten. Diese führen über noch schlechtere Wege und/oder sind mit mehr als 600 Höhenmetern verbunden. Achtung! Diese Wege sind nur mit sehr guter Ausrüstung, einem geländegängigen Kinderwagen mit zuverlässiger Handbremse, begehbar und bleiben Sportlern und Sportlerinnen mit weitreichenden alpinistischen Kenntnissen vorbehalten! Neben der Handbremse wird ein Seil zur Sicherung des Kinderwagens (für den Fall, dass man ausrutscht und die Hände reflexartig zum Boden bringt) ebenfalls dringend empfohlen.

Sicherung:

Die Erfahrung zeigt, dass es immer ganz gut ist, ein Sicherungsstrickerl dabei zu haben. Beim Abwärtsgehen auf einer Schotterstraße ist es z.B. beruhigend, wenn der Kinderwagen damit am eigenen Gürtel oder mittels Handschlaufe gesichert ist, für den Fall, dass man ausrutscht. Ein solches Reepschnürl erhält man in jedem Sportgeschäft in jeder gewünschten Länge und Stärke.

Bitte auch niemals den Kinderwagen mit Baby an Bord allein auf abschüssiger Strecke – selbst mit angezogener Bremse – stehen lassen. Vor einigen Jahren passierte der tragische Fall, dass ein Kinderwagen, bei dem sich die Bremse gelöst hatte, in den nahen Bach rollte. Im Zweifelsfall, wenn das Baby beim Rastplatz schläft, zusätzlich mit einem Sicherungsstrickerl anbinden! Wann immer möglich, empfiehlt es sich, den Kinderwagen quer zum (nicht zu starken!) Gefälle zu parken. Und bei einem kurzen Fotostopp hilft es, einen Fuß unterhalb eines Kinderwagenrades zu platzieren, um sofort eingreifen zu können, wenn das freudige Wippen deines Kindes das Gefährt in Bewegung setzt.

Wenn man alleine unterwegs ist, ein Kind schon selber geht und das andere im Wagerl liegt, kann das oft großen Stress bedeuten. Auch wenn es pädagogisch nicht modern ist, kann hier ein Sicherungsstrickerl für das gehende Kind bei abschüssigen Stellen oder neben Straßen

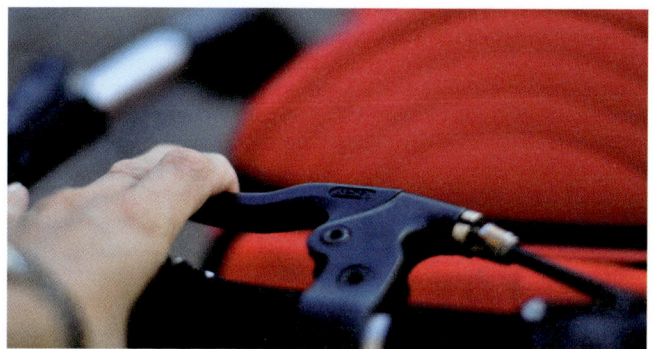

die Situation entschärfen. Kindern fällt einfach von einem Moment auf den anderen etwas ein, sie laufen weg, und in diesem Schockmoment wäre der Kinderwagen unbeaufsichtigt. Vielleicht kann man die Größeren davon überzeugen, dass sie sich dann als richtige Kletterer fühlen können – denn die sind ja auch alle gesichert.

Hinweise zum Fahren mit der Gondel:
Gondelfahrten und Fahrten auf Passstraßen verursachen immer Druckunterschiede im Ohr. Eine Möglichkeit für Babys damit klarzukommen ist, während der Auffahrt in kurzen Abständen etwas zu trinken (oder am Schnuller zu nuckeln). Bei älteren Kindern hilft auch Kaugummi kauen oder gähnen. Wenn Kinder die Höhenlage nicht mögen, muss man ohnehin von solchen Fahrten absehen.

Wegbezeichnungen:
Kiesweg: Guter, breiter, mit Kies oder feinem Schotter aufgeschütteter Weg.
Schotterweg/-straße: Breite, geschotterte Straße, manchmal auch grober Schotter. Bei Steigungen können nach einem Unwetter diese Wege ausgewaschen sein. Die Qualität der Wegbeschaffenheit kann daher variieren.

Forstweg: Breiter, für moderne Maschinen gebauter Schotterweg. Meist ist die Wegbeschaffenheit gut, die Grundlage grober Schotter. Da jedoch manchmal Holz auf diesen Wegen transportiert wird, können auch fallweise tiefe Rinnen vorhanden sein.
Waldweg: Schmaler, meist holpriger Weg.

Dauer: Die Dauer bezieht sich immer auf die reine Gehzeit für eine Strecke – bis zum Ziel. Bei Rundwegen – diese sind mit RW gekennzeichnet – wird die Gesamtdauer des RW angegeben. Gerechnet wird mit einer Wandergeschwindigkeit von etwa 3,5 km/h, bei großen Steigungen oder schlechter Bodenbeschaffenheit auch weniger. Die Kilometerangaben im Bezug auf die Dauer können daher variieren.

Wetter: Hier wird jeweils angegeben, bei welcher Witterung die Wanderung geeignet ist. Unter normalem oder klassischem Wanderwetter ist trockenes, aber nicht zu heißes Wetter gemeint.
Wege, die auf gutem Untergrund verlaufen, die nicht zu lange sind und bei denen ein Gasthaus in der Nähe ist, eignen sich auch für regnerisches Wetter. Damit ist Nieselwetter gemeint, nicht jedoch, wenn es schüttet oder stürmt.
Wege, die vom Schnee geräumt (und gestreut) werden oder wo der Schnee gepresst wird, eignen sich auch für den Winter. Rodelbahnen sind i.d.R. nicht gut mit dem Kinderwagen zu befahren, hier ist es besser, das Baby im Fellsack auf eine Rodel mit Rückenlehne zu setzen. Bei allen Winterwanderungen ist bei Schneelage ein geländegängiger Kinderwagen notwendig, auch wenn die Anforderung leicht ist. Eine Alternative wäre in diesem Fall auch ein Schi-Aufsatz auf die Räder.
Schattige Wege und/oder entlang von kühlenden Gewässern sowie Wege im Hochgebirge eignen sich für den Hochsommer.
x/x in der Übersicht bedeutet, dass man dort auch baden kann
x/- bedeutet, dass der Weg für den Hochsommer geeignet ist, man dort jedoch nicht baden kann. Fast immer ist jedoch ein Bacherl zum Pritscheln dabei.

Wanderwert für Kinder:
2–3 Jahre: Hier kann nachgelesen werden, welche Attraktionen auf Kleinkinder warten, ob und inwiefern sich die Wanderung auch für diese Altersgruppe eignet. Mit Attraktionen sind auch Brunnen, Bacherl zum Plantschen, Tiere zum Bestaunen etc. gemeint. Fast immer ist es sinnvoll, in diesem Alter noch einen Buggy oder eine Kraxe mitzunehmen, um Konditionseinbrüche auffangen zu können.
4–6 Jahre: Hier wird angegeben, ob und inwiefern sich die Wanderung auch für diese Altersgruppe eignet.
Kinderfahrrad: Manche Geschwisterkinder können noch gut zum Mitkommen motiviert werden, wenn sie neben den gehenden Erwachsenen herradeln können. Es ist jedoch meist notwendig, dass sie auf Schotterwegen fahren und auch leichte bis mittlere Steigungen bewältigen können. Bitte immer die Wegbeschaffenheit unter „Anforderung" lesen.

Anfahrt: Bei allen Wegen wird die Anfahrt von Innsbruck aus (meist über die Autobahn) beschrieben. Eine zusätzliche Straßenkarte zur Orientierung kann für Ortsunkundige dennoch hilfreich sein.
Öffentliche Verkehrsmittel: Für viele Wege ist eine kurze Beschreibung der Anfahrtsmöglichkeit mit öffentlichen Verkehrsmitteln beigefügt. Leider sind manche Wege – gerade im ländlichen Bereich – nur umständlich oder nur mit langen Gehzeiten mit öffentlichen Verkehrsmitteln zu erreichen. In diesem Fall gibt es keine Angabe dazu.
Ausgangspunkt (AP)/Parkmöglichkeit: Von hier aus startet die Beschreibung der Wanderung.
Infos/Gaststätten: Hier werden die Gaststätten am Ziel, am Weg oder manchmal auch jene zu Beginn der Wanderung angeführt. Wenn weitere Informationen hilfreich für die Planung sind, wurden dazu auch Telefonnummern oder Webseiten angegeben.

Wegbeschreibung: Da mit dem Kinderwagen ohnehin größtenteils nur gut ausgebaute Wege fahrbar sind, sind die meisten Wanderungen leicht zu finden. Die Routen sind so genau beschrieben, dass eine eigene Wanderkarte nicht notwendig ist, gleichzeitig aber auch so kurz wie möglich. Die Wege sind auch in einschlägigen Wanderkarten zu finden und meist gut beschildert.

Kartenskizzen: Zum besseren Verständnis sind bei vielen Wegen Kartenskizzen angefügt. Alle Skizzen (mit Ausnahme jener für die Wanderungen Nr. 10, 19, 20, 21 und 22) wurden auf Grundlage der vom Land Tirol in TirisMaps 2012 zur Verfügung gestellten topographischen Karten erstellt. Der Rechteinhaber (Land Tirol – TirisMaps 2012) hat die Bearbeitung und Weiterverwendung aufgrund des Lizenzvertrages Creative Commons Namensnennungslizenz CC BY 3.0 AT gestattet. Für die Klaiser Seenrunde (veröffentlicht unter CC-BY-SA 2.0) sowie für die neuen Wanderungen der zweiten Auflage (Nr. 19 bis Nr. 22) wurden auf Grundlage von OpenStreetMap (© OpenStreetMap contributors) Kartenskizzen erstellt.
Blaue Pfeillinien weisen auf Verlängerungen oder andere Varianten hin. Alle Karten sind nach Norden ausgerichtet.

Legende

→ Wanderweg in der beschriebenen Richtung

→ Variante / Erweiterung des Wanderweges

P Parkplatz

🏠 Gasthof, bewirtschaftete Alm, Café

Abkürzungen

AP	Ausgangspunkt
Bhf.	Bahnhof
ca.	circa
ganzj.	ganzjährig
geöff.	geöffnet
geschl.	geschlossen
P	Parkplatz
RW	Rundweg
tgl.	täglich

I. Karwendel und Rofan
Nordkette, Achensee

Karwendel und Rofan

1. Achenseeuferweg

Der an der Ostseite über die gesamte Länge des Achensees verlaufende Uferweg verbindet die beiden Orte Maurach im Süden und Achenkirch im Norden. Was vor dem Bau der höhergelegenen Bundesstraße die einzige Straßenverbindung zwischen den beiden Spitzen des Sees darstellte, ist heute ein weitgehend autofreier, bestens kinderwagengeeigneter Weg am Ufer des größten Sees von Tirol. An den Sommerwochenenden ist die Strecke durch zahlreiche Surfer, Kitesurfer und Segler, die von dort starten, ziemlich voll.
Zwischen Mai und Oktober verkehren auf dem Achensee Ausflugsschiffe, mit denen man die Wanderung entlang des ganzen Seeufers wie unten beschrieben als Rundtour planen kann. Im Winterhalbjahr lohnt jedoch auch ein kürzerer Abschnitt mit gleichem Hin- wie Rückweg: „Einstiegstellen" mit Parkmöglichkeit sind neben der beschriebenen Nord- und Südspitze auch der Schwemmkegel vom „Achenseehof" sowie jener des Campingplatzes Schwarzenau.

 # Karwendel und Rofan

Anforderung: Leicht; fast völlig flacher, asphaltierter, breiter Weg mit nur wenigen, ganz kurzen Steigungen.
Dauer: 2 h 15 min; 7,8 km eine Strecke; ca. 30 Hm.
Wetter: 🛟 ☁ Für jedes Wetter geeignet.

Wanderwert für Kinder:
2–3 Jahre: Die Schifffahrt macht den meisten Kindern großen Spaß. Spielplatz an der Halbinsel „Achenseehof" sowie direkt am Nordende des Sees in Achenkirch. Bade- und Plantschmöglichkeit im (kalten) Achensee beim Campingplatz Schwarzenau.
4–6 Jahre: S.o.
Kinderfahrrad: Ja.

Anfahrt: Von der A12 Inntalautobahn bei der Ausfahrt „Wiesing" abfahren und nach rechts den Schildern Achensee auf der B181 folgen. Nach 11,5 km, am Ende des Ortsgebietes von Maurach/Buchau und kurz hinter dem rechts der Straße gelegenen großen Kinderhotel „Rieser", nach links zum See hinunter abbiegen und nach ca. 100 m am gebührenpflichtigen P parken. (Navi: Buchau 147, 6212 Maurach)
Öffis: Nein.
Ausgangspunkt/P: AP ist der gebührenpflichtige Parkplatz in Maurach/Buchau.
Infos/Gaststätten: *Bistro des Campingplatzes Schwarzenau, Sonnenterrasse, Tel. 0664-4662070, www.campingplatz-achensee.at, Mai–Okt. geöffnet.
Am Nordende des Sees in Achenkirch reiht sich ein Gasthof an den anderen, z.B. *Fischerwirt am See, Tel. 05246-6258, www.fischerwirt1.eu. *Achenseeschifffahrt, in Betrieb von Mai–Okt., Tel. 05243-5253 0, www.tirol-schifffahrt.at.

Wegbeschreibung Achenseeuferweg:
Vom P aus führt der asphaltierte Weg noch an wenigen Häusern vorbei, dann stets in unmittelbarer Nähe des Seeufers unterhalb des steilen Waldes. Ohne Steigungen ist nach etwa 4 km (1 h) die Halbinsel

Karwendel und Rofan

Schwarzenau mit dem kleinen Campingplatz erreicht. Danach steigt der Weg wenige Meter bis zur Achenseebundesstraße an und verläuft für ein kurzes Stück parallel dazu, jedoch immer breit und baulich von dieser getrennt. Nach insgesamt 6 km (1,5 h) ist die Halbinsel „Achenseehof" (mit Schiffsanlegestelle) erreicht.

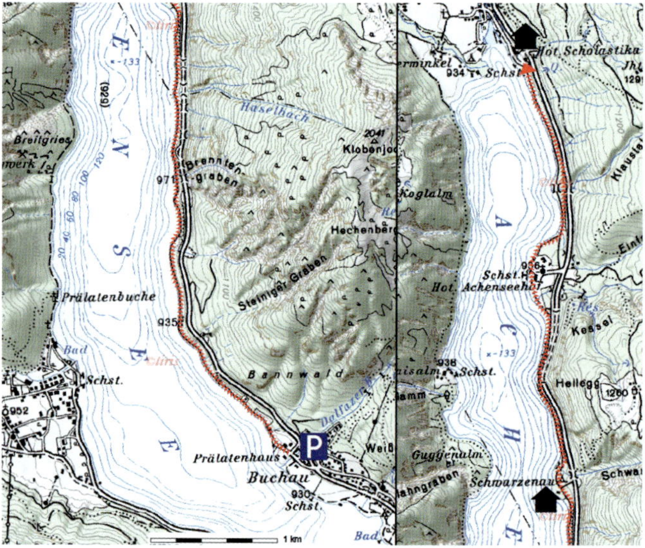

Nach einem weiteren km, im Bereich der Segelschule, verlässt der Weg für kurze Zeit das Ufer, führt jedoch nach ca. 200 m wieder zum See zurück. Nach insgesamt 7,8 km ist der Ortsteil Scholastika der Gemeinde Achenkirch erreicht. Unmittelbar bei dem restaurierten Rest des ehemaligen Grandhotels Scholastika befindet sich auch die Schiffsanlegestelle für die Rückfahrt.

Karwendel und Rofan

2. Falzthurnalm / Gramaialm
(1089 m bzw. 1263 m)

Westlich des Achensees, im Naturpark Karwendel, führt diese Wanderung durch den Talboden des Falzthurntales, das von den breiten, mit Kalkschotter gefüllten Bachbetten und ausgedehnten Weideflächen geprägt ist. Die kurze und leichte Variante der Wanderung, die bei der Falzthurnalm endet, eignet sich insbesondere für Winterwanderungen, aber auch für kleine Radfahrerinnen. Die lange Variante bis zur Gramaialm verlangt deutlich mehr Ausdauer, belohnt jedoch auch mit einer besonders schönen Landschaftskulisse.
Beide Almen sind (außer im Winter) auch über eine separat geführte, asphaltierte Mautstraße mit PKW erreichbar.

Anforderung: Leicht und buggytauglich bis zur Falzthurnalm; fast flach und asphaltiert.
Mittel bis zur Gramaialm; sanft ansteigend auf gutem Kiesweg mit einzelnen grobschottrigen Passagen, die Querung der Bachbetten (nur im Frühjahr wasserführend) erfordern einen geländegängigen Kinderwagen.

Karwendel und Rofan

Dauer: Falzthurnalm: 1 h; 3,4 km eine Strecke; ca. 100 Hm. Verlängerung Gramaialm: zusätzlich 1,5 h Hinweg, 1 h Rückweg; 3,9 km eine Strecke; ca. 300 Hm.

Wetter: ☽ Für jedes Wetter geeignet. 25 % Schatten. Im Winter geräumter bzw. planierter Winterwanderweg bis zur Gramaialm, hinter der Falzthurnalm ist jedoch die Lawinengefahr zu beachten.

Wanderwert für Kinder:
2–3 Jahre: Brunnen bei der Falzthurnalm. Abenteuerspielplatz und Streichelzoo bei der Gramaialm. Während der Weidesaison Kühe entlang des Weges (Achtung Weidezäune!).
4–6 Jahre: S.o.
Kinderfahrrad: Bis zur Falzthurnalm gut geeignet (die letzten Meter hinauf evtl. schiebend).

Anfahrt: Von der A12 Inntalautobahn bei der Ausfahrt „Wiesing" abfahren und nach rechts den Schildern Achensee auf der B181 folgen. Nach 9,2 km, im Ortsgebiet von Maurach, nach links in Richtung Pertisau abbiegen und weiter den Schildern nach Pertisau folgen. Vor Erreichen des bebauten Gebietes von Pertisau das Achenseeufer verlassen und der Straße links auf den Schwemmkegel folgen (Schilder Karwendeltäler). Von hier noch ca. 1,7 km durch den Ort Pertisau bis zu einem großen, gebührenpflichtigen Parkplatz am Beginn der Mautstraßen in die Karwendeltäler.
(Navi: 6213 Pertisau, Pertisau 25b)
Öffis: Nein.
Ausgangspunkt/P: AP ist der gebührenpflichtige Parkplatz am Beginn der Mautstraßen.
Infos/Gaststätten: *Alpengasthaus Falzthurnalm, Tel. 0664-3420236, www.falzturn.at, geöff. im Winter ab Mitte Dez. bis Ende März, im Sommer ab Mitte Mai bis Mitte Okt. *Alpengasthof Gramai, mit Sonnenterrasse, Tel. 05243-5166, www.gramaialm.at, geöff. von Ende April bis Ende Okt. und von Weihnachten bis Mitte März. *Nostalgiebus Pertisau-Gramai, hält u.a. an der Schiffsanlegestelle Pertisau und am AP der Wanderung (Mautstelle), Tel. 05243-5871, ab Mai tägl. mehrfach (letzte Abfahrt Gramai 15:30 Uhr).

Karwendel und Rofan

Wegbeschreibung Falzthurnalm / Gramaialm:
Am „oberen" Ende des Parkplatzes führt ein vielfach ausgeschilderter, asphaltierter Weg zunächst entlang von Weiden, bald durch den Wald, dann wieder neben Weiden zur Falzthurnalm. Auf dem letzten Abschnitt teilen sich Fußgänger und (einzelne) Fahrzeuge die Straße. Vorbei an der Falzthurnalm führt der Weg zunächst noch asphaltiert, bald (nach der ersten Bachbettquerung) aber nur mehr geschottert über den Talboden weiter Richtung Gramaialm (ebenfalls gut ausgeschildert). Ca. 20 min hinter der Falzthurnalm verzweigt sich der Weg zur Gramaialm in einen Wiesen- und einen Waldweg (so ausgeschildert). Hier den für Kinderwägen besser geeigneten Wiesenweg (rechts) wählen. (Am Waldweg ist während der Weidesaison eine Trittleiter und ein kurzes, ziemlich wurzeliges, schmales Wegstück zu überwinden).
Nach insgesamt 4 Bachbettquerungen und zuletzt über Wiesen gelangt man zum großen, modernen Gebäudekomplex der Gramaialm.
Der Rückweg erfolgt auf derselben Strecke oder mit dem Nostalgiebus über die Mautstraße.

Karwendel und Rofan

3. Hinterhornalm / Walderalm
(1522 m bzw. 1511 m)

Lange, steile Wanderung durch lichten Kiefernwald über eine asphaltierte Mautstraße mit herrlichem Blick über das Inntal und die gegenüberliegenden Berge. Durch die sonnige Lage besonders geeignet für Frühjahr und Herbst. An Wochenenden teils stark befahren von Mountainbikern, mäßig stark von Autos. Ideale Tour vor Öffnung der Mautstraße im Frühjahr (von Mitte Mai bis Ende November), dann allerdings ist auch die Almwirtschaft geschlossen.

Für weniger Ambitionierte bietet sich alternativ an, mit dem PKW bis zur Hinterhornalm (Parkmöglichkeit) zu fahren und von dort den ca. 2,2 km langen, fast ebenen Weg zur Walderalm zu wandern.

Karwendel und Rofan

Anforderung:	Schwierig; steile, durchgehend asphaltierte Straße (ca. 10 % Steigung). Geländegängiger Kinderwagen nicht unbedingt erforderlich, Handbremse und Sicherungsleine jedoch wichtig.
Dauer:	Ca. 2,5 h Aufstieg, 1,5 h Abstieg; 6 km eine Strecke; 650 Hm.
Wetter:	☾ Südexponiert, d.h. geeignet für weniger heiße Tage im Sommer oder Frühjahrs- und Herbstwanderungen. Kein Schatten im oberen Drittel des Weges. Beliebte Rodelstrecke.

Wanderwert für Kinder:
2–3 Jahre:	Etappenziel: Brunnen auf etwa halber Strecke (ca. 1250 m Höhe). Für Kinder in diesem Alter aufgrund der Länge eher weniger geeignet.
4–6 Jahre:	Minigolfplatz am Ausgangspunkt in St. Martin. Ohne Kinderwagen kann auch der Steig benutzt werden, der die Serpentinen der Mautstraße abkürzt. Für gehfreudige Kinder geeignet.
Kinderfahrrad:	Nein (zu steil).

Anfahrt: Von der Inntalautobahn A12 bei „Hall Mitte" ausfahren. Den Schildern Absam, dann Gnadenwald folgen. Im Weiler St. Martin links oberhalb der Straße, direkt beim Mauthäuschen befindet sich ein großer Wanderparkplatz (schräg gegenüber liegt der Gasthof Speckbacher). (Navi: Sankt Martin 2, 6069 Gnadenwald)
Öffis: In ca. 30 min vom Hauptbahnhof Innsbruck: S1 bis Hall in Tirol Bahnhof, dann Regionalbus Hall 3 bis Gnadenwald (St. Martin.).
Ausgangspunkt/P: Wanderparkplatz (880 m) am Beginn der Mautstraße.
Infos/Gaststätten: *Hinterhornalm, bewirtschaftet je nach Schneelage von Mitte Mai bis Anfang November, Tel. 0664-2112745, kein Ruhetag. *Walderalm (1511 m Höhe), Almwirtschaft, Jausenstation, geöff. in der Almsaison, Tel. 05223-78359, Mo und Di Ruhetag.

Karwendel und Rofan

Wegbeschreibung Hinterhornalm:
Vom Parkplatz der asphaltierten Straße am Mauthäusl vorbei aufwärts folgen. Gleich rechts zweigt der markierte Steig auf die Hinterhornalm ab, mit Kinderwagen jedoch immer auf der asphaltierten Straße bleiben. Nach ca. 400 m befindet sich ein Schranken (geschlossen, wenn die Mautstraße nicht geöffnet ist; auch dann aber mit Kinderwagen passierbar). Im untersten Drittel laden immer wieder Sitzbänke zum Verweilen und Picknicken ein (z. T. mit schöner Aussicht). Über insgesamt acht Kehren führt die Straße nun zunächst durch lichten Kiefernmischwald, im obersten Drittel des Weges sehr sonnenexponiert durch Latschen bis zur Alm.
Kurze Variante: Auffahrt mit PKW zur Hinterhornalm. Von dort über nicht asphaltierten Weg, mäßig absteigend zur Walderalm.

 Karwendel und Rofan

4. Adolf-Pichler-Weg

Unmittelbar an der Stadtgrenze der Landeshauptstadt führt der ausgewählte Abschnitt des Adolf-Pichler-Weges auf der nordöstlichen Sonnenterrasse Innsbrucks von der Thaurer Burgruine und dem Romedikirchl bis zur Traditionsgaststätte Rechenhof. Die Aussicht von der Wallfahrtskirche und von der Ruine belohnt für den kurzen, aber steilen Anstieg bis dorthin: Über das Inntal und die südlichen Innsbrucker „Hausberge" schweift der Blick.

Anforderung: Mittel; anfangs steiler Schotterweg, später überwiegend flacher Waldweg.
Dauer: 1 h 20 min; 4,5 km eine Strecke; ca. 200 Hm.
Wetter: ◑ Klass. Wanderwetter. Schattenspendende Waldpassagen nach heftigen Regenfällen eventuell teils gatschig, dadurch jedoch auch bei Hitze geeignet.

Karwendel und Rofan

> **Wanderwert für Kinder:**
> 2–3 Jahre: Aufgrund der Länge nur in Abschnitten geeignet. Die Burgruine und ein „Waldschrat" nach ca. 1,8 km animieren zum Geschichtenerzählen.
> 4–6 Jahre: Für gehfreudige Kinder gut geeignet, allerdings keine besonderen Attraktionen.
> Kinderfahrrad: Nein.

Anfahrt: Von der A12 Inntalautobahn bei „Hall West" abfahren und den Schildern nach Thaur folgen. Nach dem Dorfbeginn vom Auweg rechts in die Dörferstraße (L8), dann gleich wieder links in die Bauerngasse einbiegen. Bei der nächsten Kreuzung links hinauf in die Langgasse und dieser folgen, bis am oberen Dorfrand rechts ein asphaltierter Weg in wenigen Metern zum neu gebauten Parkplatz führt.
(Navi: Langgasse 31, 6065 Thaur).
Öffis: Möglich: In ca. 25 min mit der Linie A von Innsbruck Hauptbahnhof bis zur Haltestelle „Thaur Auweg", von hier ca. 0,8 km entlang der Anfahrtsroute zum AP.
Ausgangspunkt/P: AP ist der Wanderparkplatz am Dorfrand in der Langgasse.
Infos/Gaststätten: *Rechenhof, Sonnenterrasse mit Panoramablick,
Tel. 0512-262513, www.rechenhof.at.

Wegbeschreibung Adolf-Pichler-Weg:

Vom AP zunächst ca. 150 m zurück auf der Straße bis links der Sankt-Romedius-Weg über Wiesen bald steil hinauf zum Kirchl führt. Weiter aufwärts ist nach wenigen Minuten die Burgruine erreicht. Von hier

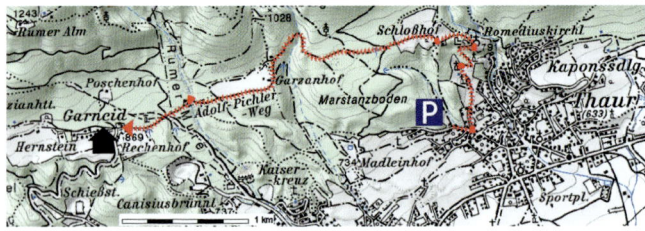

Karwendel und Rofan

sanft ansteigend, später flach in Richtung Westen stets den Schildern „Rechenhof" bzw. „Hungerburg" folgen. Der Rückweg erfolgt auf derselben Strecke. Gegenüber vom Bauernhof in unmittelbarer Nähe der Thaurer Burgruine kann auch der steile Fahrweg direkt zum Parkplatz zum Abstieg genutzt werden.

5. Schillerweg / Alpenzoo

Auf halber Höhe zwischen der sonnenverwöhnten Hungerburgsiedlung und dem Stadtzentrum von Innsbruck führt der Schillerweg unschwierig und sanft absteigend vom Stadtteil Mühlau zum Alpenzoo, in dem heimische Tiere zu bewundern sind. Am Weg liegt die Mittelstation der spektakulären Standseilbahn vom Stadtzentrum auf die Hungerburg. Zwischen den Bäumen und von den zahlreichen Bänken lassen sich immer wieder spannende Ausblicke auf Innsbruck und seine südliche Umgebung genießen.

Anforderung:	Leicht; nahezu flach auf fein gekiestem, breitem Weg. Ab der Mittelstation der Standseilbahn asphaltiert.
Dauer:	30 min Hinweg, 40 min Rückweg; 2 km eine Strecke, ca. 50 Hm.
Wetter:	Für jedes Wetter geeignet, durch die hohen Bäume trotz südseitiger Lage auch bei heißem Wetter.

Karwendel und Rofan

Wanderwert für Kinder:

2–3 Jahre:	Der Hinweg ist auch für Kleinkinder gut schaffbar, für den Rückweg evtl. Trage/Buggy mitnehmen.
	Ca. 10 min vor Erreichen des Alpenzoos liegt auf einem kleinen Hügel oberhalb des Weges ein Spielplatz (auf Hinweisschild „Judenbühel" achten).
	Der Alpenzoo selbst ist als Ausflugsziel eine Attraktion für Kinder und bietet neben den Tieren auch einen Kleinkindspielplatz, eine Kinderkletterwand, und Lern-Spiele bei den Gehegen.
4–6 Jahre:	S.o. Die Wanderung eignet sich aufgrund der Kürze sehr gut für diese Altersgruppe.
Kinderfahrrad:	Für geübte Radlerinnen möglich (leichte Steigung auf dem Rückweg, Kiesweg).

Anfahrt: Die B171 (Inntalbundesstraße) von Hall kommend im Stadtgebiet Innsbrucks bei der Kreuzung der Mühlauer Brücke nach rechts verlassen (= L372 Anton-Rauch-Str.). Nach 600 m an einer Kreuzung nach links abbiegen (Holzgasse) – dieser weitere 450 m aufwärts folgen und dann an einer Serpentine um fast 180° in die Josef-Schraffl-Str. einbiegen. Nach weiteren 900 m liegt links der Straße ein Parkplatz für ca. 4–6 PKW bei einer Müllentsorgungsstation. Ist dieser belegt, finden sich weitere Abstellplätze etwas weiter, jenseits der Brücke über den Mühlauer Bach am rechten Fahrbahnrand. (Navi: Josef-Schraffl-Straße 22, 6020 Innsbruck)

Öffis: Nicht für die Wanderung geeignet.
Zum Alpenzoo: Mit der Standseilbahn vom Stadtzentrum (Congress/Hofburg) in 5 min, dann noch ca. 7 min Fußweg.

Ausgangspunkt/P: AP ist der kleine Parkplatz gegenüber der Josef-Schraffl-Straße 22.

Infos/Gaststätten: *Alpenzoo, Weiherburggasse 37a, Tel. 0512-292323, www.alpenzoo.at, ganzjährig tägl. geöffnet. *ANIMAHL, kleine Speisen und Getränke, Tel. 0660-5587309. *Terrassenbuffet Dohlennest, Imbisse und Getränke, Tel. 0512-292500. *Café/Restaurant Weiherburg, Tel. 0512-273062.

Karwendel und Rofan

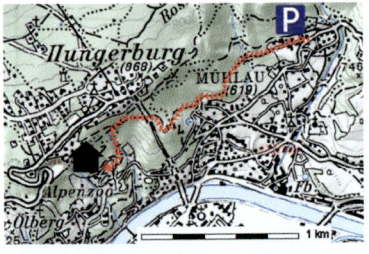

Wegbeschreibung Schillerweg / Alpenzoo:
Wenige Meter unterhalb des Parkplatzes dem Wegweiser „Schillerweg Alpenzoo" in eine asphaltierte höhenparallele Straße folgen. Der Weg, bald nicht mehr asphaltiert, führt teils im Wald, teils direkt oberhalb der Bebauungsgrenze den Hang entlang und mündet schließlich in den Richardsweg.
In einer Rechtskurve, von der die Mittelstation der Standseilbahn bereits im Blick liegt, liegt links des Weges auf dem „Judenbühel" genannten Hügel ein Kinderspielplatz. Ab hier ist der Weg wieder asphaltiert bis zum Alpenzoo, den man am Schluss mit einer kleinen Steigung erreicht.
Der Rückweg erfolgt auf derselben Strecke.

Karwendel und Rofan

6. Arzler Alm (1067 m)

Die Arzler Alm, am Südhang der Nordkette gelegen, zählt wegen der Nähe und der herrlichen Aussicht zu den klassischen Wanderungen im Innsbrucker Stadtgebiet. Der Ausgangspunkt Hungerburg ist problemlos mit dem öffentlichen Stadtverkehr erreichbar; für Kinder besonders interessant ist die Fahrt mit der neuen Standseilbahn direkt vom Stadtzentrum aus. Der vergleichsweise kurze Anstieg zur Alm ist für geübte kleine Wandersfrauen (und -männer) bald zu bewältigen und oben lockt ein Spielplatz (und die Erwachsenen die Sonnenterrasse und das kulinarische Angebot).

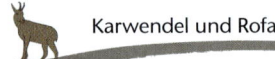 

Karwendel und Rofan

Anforderung: Mittel; zunächst flacher, dann mäßig steiler, gut geschotterter Forstweg.
Dauer: 1 h 15 min (Aufstieg) 1 h Abstieg; 3,2 km eine Strecke; ca. 280 Hm.
Wetter: ☃ ☽ Klass. Wanderwetter. Ca. 75 % Schatten, allerdings südexponiert und damit bei bei hochsommerlichem Wetter heiß.

> Wanderwert für Kinder:
> 2–3 Jahre: Entlang des Weges finden sich abgeschnittene Birkenstämme, die mit Zwergengesichtern bemalt wurden – vielleicht kann dazu eine Geschichte erfunden werden.
> Spielplatz bei der Arzler Alm, Brunnen kurz nach dem Start noch im Siedlungsgebiet der Hungerburg.
> 4–6 Jahre: Für gehfreudige Kinder gut geeignet. Ohne Kinderwagen eignet sich der Steig besser.
> Kinderfahrrad: Nein.

Anfahrt: Von der Autobahnabfahrt „Innsbruck West" bis zur 2. Ampel, dann links abbiegen (B174, Bachlechnerstr.). Geradeaus über den Inn und weiter am Südring und an der B171 (Höttinger Au) rechts abbiegen. Geradeaus weiter bis zur Innbrücke, hier dann links die Höttinger Gasse hinauf, den Schildern „Hungerburg" folgen. Stets auf der Höhenstr. in mehreren Kehren aufwärts, bis nach ca. 3,5 km links ein großer Parkplatz auftaucht. (Navi: Höhenstr. 125, 6020 Innsbruck)
Öffis: Problemlos: Entweder mit Buslinie J oder mit der Standseilbahn (Hungerburgbahn) aus dem Stadtzentrum bis zur Station „Nordkette" bzw. „Hungerburg".
Ausgangspunkt/P: AP ist der große P neben dem ehemaligen Sparmarkt.
Infos/Gaststätten: *Arzler Alm mit Sonnenterrasse und Spielplatz, Tel. 0664-6553395, www.arzleralm.at, Ruhetag: Mo (außer an Feiertagen).

 Karwendel und Rofan

Wegbeschreibung Arzler Alm:
Vom oberen Ende des P aus der Höhenstr. aufwärts folgen, gleich bei der ersten Möglichkeit links (Gramartstr.) abbiegen. Nach insgesamt ca. 350 m, vor einem Brunnen, leicht rechts halten und dem Rosnerweg hinauf folgen. Unter der Nordkettenbahn hindurch verlässt der Weg bald das besiedelte Gebiet und führt sanft ansteigend, später flacher durch den Wald. Die Arzler Alm ist bestens ausgeschildert, es ist jedoch wichtig, mit Kinderwagen den Schildern mit dem Zusatz „Forst- und Mountainbikeweg" zu folgen, um nicht auf die Steige gelenkt zu werden. Nach ca. 1,8 km (35 min) zweigt linkerhand der Forstweg zur Alm ab und führt, teils steil, in einer Kehre durch den Wald zum Ziel. Der kürzeste Abstieg erfolgt am selben Weg.

7. Innpromenade

Die fast durchgehend direkt oberhalb des (eingefassten) Inns verlaufende Wanderrunde führt durchs Innsbrucker Stadtgebiet, u.a. unmittelbar an der Altstadt vorbei. Es ist die einzige Stadtwanderung, vorrangig für Gäste gedacht, die sich samt Kinderwagen gemütlich spazierend einen Eindruck von der Landeshauptstadt verschaffen möchten. Auf guten Gehwegen, teils durch kleinere Parks mit Spielplätzen, teils neben den Stadtstraßen bieten sich hier Ausblicke hinauf zur Nordkette, auf die historischen Stadtteile Mariahilf und St. Nikolaus und zur spätgotischen Ottoburg, die den Eingang zur Altstadt weist. Über die zahlreichen Brücken kann die Runde beliebig verkürzt oder variiert werden, zudem bietet das öffentliche Stadtverkehrsnetz die Möglichkeit, die Runde an fast jedem beliebigen Punkt zu beginnen bzw. zu beenden.

Anforderung: Leicht; flacher, asphaltierter Gehweg im Stadtgebiet.
Dauer: RW 1 h 20 min; 5 km; ca. 10 Hm.
Wetter: ○ Für jedes Wetter geeignet

 # Karwendel und Rofan

Wanderwert für Kinder:
2–3 Jahre:	Aufgrund der flexiblen Länge besonders für Kleinkinder geeignet. Spielplatz Arthur-Haidl-Promenade (nach ca. 750 m), Spielplatz Waltherpark (nach ca. 1,8 km), kleiner Spielplatz an der Franz-Gschnitzer-Promenade (nach ca. 4 km).
4–6 Jahre:	In diesem Alter interessieren sich Kinder ev. schon für in kleine Geschichten verpackte Stadtgeschichte (z.B. Goldenes Dachl, Ottoburg).
Kinderfahrrad:	Ja, allerdings müssen vereinzelt Straßen gequert werden.

Anfahrt: Vom Innsbrucker Hauptbahnhof über den Südring (B174) und weiter über die Freiburger Brücke, danach links abbiegen (Mitterweg), unter der Eisenbahnbrücke durch, dann wieder links (Exlgasse). Diese bis zum Ende, wieder links und in einer fast 180°-Kurve in die Uferstraße einbiegen. Hier parallel zur Fahrbahn kostenpflichtig parken. (Navi: Uferstraße 2, 6020 Innsbruck)
Öffis: Aus dem Stadtgebiet sinnvoller als mit dem Pkw, z.B. von der Haltestelle Technikerhaus oder Freiburgerbrücke ausgehend.
Ausgangspunkt/P: AP ist die Promenade direkt oberhalb des P an der Uferstraße.
Infos/Gaststätten: Zahlreiche Imbissmöglichkeiten in der Altstadt, z.B. *Altstadt Magic Kebab direkt beim Eingang zur Altstadt gegenüber der Ottoburg, Tel. 0512-560203, ebenso Gasthäuser/Restaurants, z.B. *Elferhaus direkt unter dem Goldenen Dachl, Tel. 0512-582875.

Wegbeschreibung Innpromenade:
Vom AP an der Innpromenade flussabwärts an der hölzernen Karwendelbrücke vorbei immer dem Inn entlanggehen. Die Freiburgerbrücke wird mittels Unterführung gequert, dahinter beginnt das Parkgelände an der Arthur-Haidl-Promenade. Weiter unter der Universitätsbrücke durch bis zur Innbrücke (Fußgängerampel). Direkt dahinter beginnt der Waltherpark des Stadtteils Mariahilf. Die nächste Brücke innabwärts, der Innsteg, dient als Umkehrpunkt, vorbei am Hofgarten, der Altstadt und schließlich der Universität führt der Weg nun, wiederum stets direkt am Ufer, zurück bis zur Karwendelbrücke.

8. Höttinger Bild (905 m)

Die kleine Wallfahrtskirche oberhalb des Innsbrucker Stadtteils Sadrach ist nach dem Kupferstich benannt, dessen Kopie heute das Altarbild schmückt. Das Höttinger Bild ist ein beliebtes Ausflugsziel der Innsbrucker (Familien). Die kurze, stadtnahe Wanderung entlang des Kreuzweges führt durch lichten Mischwald; zahlreiche Bänke entlang der Strecke bieten Rastmöglichkeiten für müde kleine Füße.
Der Planötzenhof, direkt am Beginn der Wanderung beim AP, ist als Schaubauernhof zugleich ein spannendes Ausflugsziel für kleine Kinder.

Anforderung:	Mittel. Mäßig ansteigender, gut geschotterter Waldweg.
Dauer:	30 min; 1,3 km eine Strecke; ca. 120 Hm.
Wetter:	Auch bei leichtem Regen geeignet. 75 % Schatten, überdachter Jausenplatz bei der Kapelle. (Obwohl hier Winterfotos zu sehen sind, nicht für den Winter empfohlen, da weder geräumt noch gestreut wird.)

Karwendel und Rofan

Wanderwert für Kinder:
2–3 Jahre: Gut geeignet, da kurz und abwechslungsreich. Am letzten Abschnitt etwas schmaler Weg im steilen Wald: Hier Kinder entweder sichern oder in den Kinderwagen setzen. Brunnen bei der Kapelle.
4–6 Jahre: S.o. Die Bildstöckl des Kreuzweges bieten sich zum Geschichtenerzählen an.
Kinderfahrrad: Nein.

Anfahrt: Von der Kranebitter Allee (bei der Tankstelle) hinauf in den Speckweg abbiegen, wo dieser in die Schneeburggasse mündet – kurz links, dann gleich wieder rechts abbiegen (ab hier ausgeschildert „Planötzenhof").
(Navi: Planötzenhofstraße 30, 6020 Innsbruck)
Öffis: Mit der Linie A bis zur Haltestelle „Sadrach". Von hier ca. 1 km ansteigend der Planötzenhofstr. folgen bis zum AP.
Ausgangspunkt/P: AP ist der Parkplatz beim Planötzenhof.
Infos/Gaststätten: *Planötzenhof, herrlicher Blick über Innsbruck, Sonnenterrasse, Tel. 0512-274017, www.planoetzenhof.at, Mo u. Do Ruhetag.

Wegbeschreibung Höttinger Bild:
Vom AP aus (bei einer großen Kartentafel) beginnt der Waldweg (ausgeschildert "Höttinger Bild-Kreuzweg") und führt in mehreren Kurven bis zur Kapelle Höttinger Bild.

Karwendel und Rofan

9. Walchensee

Der Walchensee, einer der größten, tiefsten und kältesten Seen Bayerns, ist mit seinem glasklaren, in Ufernähe türkisschimmernden Wasser ein Juwel, das an entsprechenden Tagen zahlreiche Besucher anlockt. Entlang des Ufers finden sich zahlreiche, teils schattige Kiesstrände, die zum Plantschen oder Baden einladen. Der von einem Wasserkraftwerk genutzte See ist vor allem im Sommer und Herbst eine Attraktion, während im Frühjahr der niedrige Wasserstand etwas trostlos wirkt. Rund um den See führt fast eben ein etwa 27 km langer Wanderweg, von dem hier ein kleines Stück um die Halbinsel Zwergern vorgeschlagen wird.

Karwendel und Rofan

Anforderung: Leicht; ebener, asphaltierter, breiter Weg.
Dauer: 1 h; 3,7 km eine Strecke; ca. 10 Hm.
Wetter: ◐ Für jedes Wetter geeignet. Der Weg verläuft zunächst sehr schattig (hier auch nachmittags beschattete Badeplätze), dann sonnenexponiert entlang von Wiesen, später wieder schattiger.

Wanderwert für Kinder:
2–3 Jahre: Plantschen am Ufer an vielen Stellen möglich.
4–6 Jahre: Schwimmen im See, Fußballwiese, Tischtennisplatte und Bootsverleih beim Gasthaus Einsiedl.
Kinderfahrrad: Ja.

Anfahrt: Von der A12 Inntalautobahn bei der Abfahrt Zirl Ost/Garmisch auf die B177 Zirlerbergstraße wechseln und dieser folgen (ab der Staatsgrenze zu Deutschland B2). Bei der Abfahrt Krün/Wallgau auf die B11 wechseln und nochmals 11 km bis zum Beginn der Ortschaft Walchensee. Wo die Straße wieder das Seeufer erreicht, rechts zum Campingplatz abzweigen (= Seeuferweg). Beim Fahrverbotsschild für den Seeuferweg finden sich zahlreiche Parkmöglichkeiten.
(Navi: Lobisau, 82432 Walchensee)
Öffis: Nein.
Ausgangspunkt/P: P zu Beginn des Fahrverbotes am Seeuferweg.

Infos/Gaststätten: *Imbiss beim Campingplatz, Tel. 08858-929168, www.camping-walchensee.de, geöff. Mitte April bis Anfang Okt.

Karwendel und Rofan

Wegbeschreibung Walchensee:

Der Seeuferweg führt zunächst durch den dichten Wald entlang der kleinen Bucht. Hier finden sich ideale Badeplätze entlang des Kiesstrandes. Nach ca. 20 min ist die Spitze der Halbinsel Zwergern erreicht. Der Weg führt nun entlang von Wiesen vorbei an mehreren alten Bauernhöfen, bis er direkt an das Ufer des Sees führt. Nach weiteren 25 min am bewaldeten Uferweg ist die kleine Ortschaft Einsiedl mit dem Gasthof erreicht.

Der Rückweg erfolgt auf derselben Strecke.

II. Wettersteingebirge und Mieminger Kette

Werdenfelser Land, Mieminger und Seefelder Plateau, Leutasch

Wettersteingebirge und Mieminger Kette

10. Klaiser Seenrunde

Diese lange, aber unschwierige und überaus abwechslungsreiche Rundwanderung belohnt jeden Naturliebhaber für die etwas längere Anfahrt: Badelustige erfrischen sich vor herrlichem Karwendel- und Wettersteinpanorama im Barmsee, Blumenfreunde genießen die blühende Vielfalt der Magerrasen und Streuwiesen. Im letzten Abschnitt der Wanderung ziehen die einzigartigen Buckelwiesen, Ergebnis von Frost und Kalkverwitterung seit der letzten Eiszeit, die Blicke auf sich.

Anforderung:	Mittel; teils hügeliger, weitgehend jedoch flacher Weg, meist sehr gut geschottert, abschnittsweise asphaltiert, ganz kurze Passage am Schluss felsig (alter Römerweg), die umgangen werden kann.
Dauer:	RW 3 h 30 min; 12,3 km; ca. 100 Hm.

Wettersteingebirge und Mieminger Kette

Wetter: 🕐 Klass. Wanderwetter. Bei Hitze ev. nur bis zur Barmseeliegewiese (bis dort überwiegend schattig). Im zweiten Abschnitt kaum Schatten.

Wanderwert für Kinder:
2–3 Jahre: Aufgrund der Länge nur mit Kinderwagen/Tragehilfe geeignet. Hühnerfüttern (0,50 € für Futter) bei einem Bauernhof entlang des Weges (nach ca. 8,5 km bzw. 2 h 15 min kurz vor der Goasalm).
4–6 Jahre: Bademöglichkeit im Bad des Grubsees und bei der großen Liegewiese am Barmsee. Bei Anreise mit öffentlichen Verkehrsmitteln ist die Mittenwaldbahn eine Attraktion für sich.
Kinderfahrrad: Nein.

Anfahrt: Von der A12 Inntalautobahn bei der Abfahrt „Zirl Ost/Garmisch" auf die B177 Zirlerbergstraße wechseln und dieser für ca. 36 km bis Klais folgen (ab der Staatsgrenze zu Deutschland B2). In Klais links in den Ort abbiegen, hinter den Bahngleisen gleich wieder rechts (Bahnhofstr.). Nach gut 100 m gegenüber des Gasthofs Post Klais parken. Alternativ ca. 200 m weiter beim Bahnhof ein weiterer P.
(Navi: Bahnhofstraße 7, 82493 Krün, Deutschland).
Öffis: Ideal: In gut einer Stunde von Innsbruck Hauptbahnhof mit der Mittenwaldbahn ohne Umsteigen direkt zum Bahnhof Klais.
Ausgangspunkt/P: AP ist der P gegenüber des Gasthof Post Klais.
Infos/Gaststätten: *Goasalm, Brotzeit und Hofladen (Juni bis September von 10–17 Uhr, Oktober bis Mai von 11–16 Uhr), Tel. +49-(0)8823-2573, www.goas-alm.de, Mo Ruhetag.

Wegbeschreibung Klaiser Seenrunde:

Vom AP aus zunächst zurück bis zur B2, hinter der Bahnlinie rechts und durch die Unterführung auf die andere Straßenseite. Dann links und kurz parallel zur Straße, bis vor einer Tankstelle nach rechts hinauf ein schmaler, geschotterter Wanderweg abzweigt (ausgeschildert Grubsee

Wettersteingebirge und Mieminger Kette

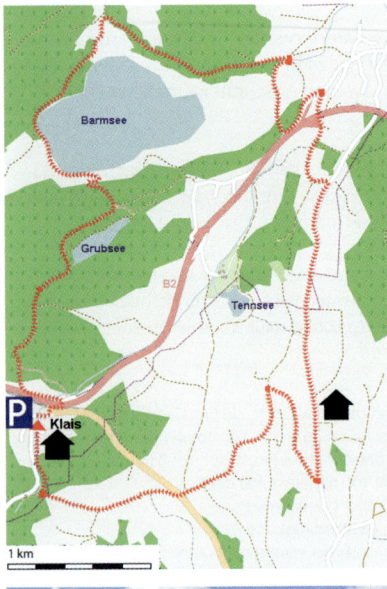

35 min). Den Schildern „Grubsee" folgen, vom Westufer ist dieser gut zu sehen. Der Weg führt nördlich des Sees durch den Wald (Eingang zum Bad von der Ostseite). An einer Kreuzung (nach insgesamt 1,6 km) den Schildern „Barmsee Krün" folgen bis zu dessen Ufer (2,4 km). Die Liegewiese ist nach ca. 3,3 km erreicht.

Nach einer Passage durch dichten Fichtenwald durch zweimaliges Rechtsabbiegen weiter den Schildern „Barmsee Rundweg" im Uhrzeigersinn folgen. Sobald die Straße wieder erreicht ist, den Barmsee Rundweg verlassen und nach links ca. 350 m parallel zur B2 in Richtung „Krün Bärnbichl" weitergehen. Bei der nächsten Verzweigung wieder rechts („Klais 45 min") und diesen Schildern weiter hinauf zu einer

Wettersteingebirge und Mieminger Kette

kleinen Kapelle folgen (insgesamt 6,5 km). Nun weiter aufwärts auf der asphaltierten Hochstraße entlang der Buckelwiesen. Nach 8,7 km ist die Goasalm erreicht. Hier dem Wegweiser „Klais über Quicken" rechts abwärts und weiter bis zur Bahnlinie folgen (10,6 km). Von dort ist der Weg mit „Klais über Römerweg" ausgeschildert. Das letzte Stück dieses Abschnitts über den schmalen und sehr holprigen Römerweg kann umgangen werden, indem man der Fahrstraße geradeaus folgt und dann rechts abzweigend den Elmauer Weg nach Klais zurück nimmt.

Wettersteingebirge und Mieminger Kette

11. Eibsee

Einem gewaltigen Bergsturz am Nordabhang von Riffelwand- und Zugspitze vor ca. 3500 Jahren verdankt der Eibsee seine heutige Gestalt; die gewaltigen Felsbrocken östlich des Sees zeugen von diesem Ereignis. Heute ist der Eibsee als ein touristisches Ziel erster Klasse bekannt: Aber selbst wenn an den Sommerwochenenden der großzügig dimensionierte Parkplatz am Ufer dem Besucheransturm nicht gewachsen ist, so finden sich entlang der Rundweges um den See noch immer genügend idyllische Plätze, die mit Blick auf den 2000 m höher gelegenen Gipfel der Zugspitze ein Bad im türkisblauen Wasser ermöglichen.

Wettersteingebirge und Mieminger Kette

Anforderung: Leicht; flacher, fein geschotterter Weg mit einzelnen sanften Steigungen.
Dauer: RW 2 h; 7 km; ca. 50 Hm.
Wetter: Klass. Wanderwetter, auch bei Hitze geeignet, weil der gesamte Weg viel Schatten bietet.

Wanderwert für Kinder:
2–3 Jahre: Plantschen im Wasser an vielen Stellen, besonders in den schmalen Buchten und gegen Ende des Rundweges, bevor das Bad erreicht wird.
4–6 Jahre: Bootsverleih (Tret-, Ruder-, Rutschenboote).
Kinderfahrrad: Ja, wenn kurze Steigungen geschoben werden.

Anfahrt: Von der A12 Inntalautobahn bei der Abfahrt „Zirl Ost/Garmisch" auf die B177 Zirlerbergstraße wechseln und dieser für ca. 46 km bis Garmisch folgen (ab der Staatsgrenze zu Deutschland B2). In Garmisch bis etwa zum Ortszentrum, dort den Schildern „Grainau" und „Eibsee" nach links (Bahnhofstr., dann St.-Martin-Str. und Zugspitzstr. = B23) folgen. Der B23 weiter folgen, bis links die Abzweigung zum Eibsee (Loisachstr.) in weiteren 6 km direkt zum P am Seeufer führt.
(Navi: Am Eibsee 1, 82491 Grainau, Deutschland)
Öffis: Nein.
Ausgangspunkt/P: AP ist der in Fahrtrichtung erste (=oberste) P rechts der Straße. Am Ende des P startet der Rundweg um den See.
Infos/Gaststätten: Am Seeufer nahe des AP sowohl der *Biergarten am See und das *Seerestaurant Eibsee-Pavillon als auch der *Bootsverleih, alle Tel. +49-(0)8821-8913, www.freizeit-eibsee.de, April bis Ende Oktober geöffnet. *Eibsee-Alm etwas oberhalb des Sees, ca. 300 m vom AP, mit Terrasse und Kinderspielplatz, Tel. +49-(0)8821-82411, Di Ruhetag.

Wegbeschreibung Eibsee:
Vom straßenabgewandten Ende des obersten P führt der Rundweg gut ausgeschildert im Gegenuhrzeigersinn um den See. Nach ca. 9 min (500 m) ist die Brücke über den Untersee erreicht. Vorsicht: Durch das

Wettersteingebirge und Miemigner Kette

Geländer können Kleinkinder leicht in den See fallen! Nun schlängelt sich die Route, meist etwa 10 m oberhalb des Seespiegels durch den Wald, einzelne Halbinseln werden vom Weg verkürzend abgeschnitten. Nach 45 min (2,6 km) ist einer von mehreren Unterständen mit herrlicher Aussicht erreicht. Der Abschnitt mit dem langen, breiten Kiesstrand ist nach etwa 1 h 40 min (5,7 km) erreicht. Von hier, vorbei an Biergarten und Bootsverleih, zurück zum AP.

Wettersteingebirge und Mieminger Kette

12. Wildensee am Kranzberg (1150 m)

Der oberhalb von Mittenwald gelegene Kranzberg bietet einen spektakulären Ausblick auf die Karwendelspitzen, ein bekanntes Motiv auf Postkarten. Die kurze Wanderung führt vom Luttensee durch die für die Gegend typischen Buckelwiesen (siehe Klaiser Seenrunde in diesem Buch) zum Wildensee, der etwa auf halber Höhe zum Gipfel liegt. Überaus lohnend bei guter Sicht, allerdings sehr schwer (extrem steil und teils grobschottrig) ist die Variante der Wanderung auf den Gipfel des Hohen Kranzbergs (1391 m), auf den das Panorama von der Soierngruppe bis zur Nordkette lockt.

Anforderung: Mittel; abschnittsweise steiler, teils asphaltierter, teils gut geschotterter Fahrweg.
Dauer: 45 min; 2,2 km eine Strecke; ca. 150 Hm.
Wetter: Klass. Wanderwetter; auch bei Hitze geeignet wg. der Höhe und Bademöglichkeit.

Wettersteingebirge und Mieminger Kette

Wanderwert für Kinder:
2–3 Jahre: Spielplatz beim Gasthof Wildensee und beim Luttenseehof. Bademöglichkeit beim Wildensee und beim Luttensee. Die Badeplätze sind allerdings schlecht mit dem Kinderwagen erreichbar, evtl. Trage(tuch) als Alternative einplanen.
4–6 Jahre: S.o.
Kinderfahrrad: Nein.

Anfahrt: Von der A12 Inntalautobahn bei der Abfahrt „Zirl Ost/Garmisch" auf die B177 Zirlerbergstraße wechseln und dieser für ca. 25 km folgen (ab der Staatsgrenze zu Deutschland B2). Dann der Ausfahrt Mittenwald folgen und auf der Innsbrucker Straße ortseinwärts fahren. Stets geradeaus weiter (Karwendelstr., Untermarkt, Schöttlkarstr.), dann leicht links abbiegen (Mühlfeldstr.), bis am Ortsende links hinauf die Straße nach Klais abzweigt. Ab hier ist Kranzberg/Luttensee ausgeschildert. Nach ca. 900 m wieder links hinauf, nach weiteren 1,3 km ist der gebührenpflichtige P erreicht.
(Navi: Gröblweg 41, 82481 Mittenwald, Deutschland)
Öffis: Nein.
Ausgangspunkt/P: AP ist der große, gebührenpflichtige P nahe des Luttenseehofes.
Infos/Gaststätten: *Berggasthof Wildensee mit Aussichtsterrasse und Spielplatz, Tel. +49-(0)8823-8024, www.berggasthof-wildensee.de. *Luttenseehof wenige Minuten vom AP und vom Luttensee entfernt, Tel. +49-(0)8823-2459, www.luttenseehof.de. *Korbinianhütte, Tel. +49-(0)8823-8406 www.korbinianhuette.com, Fr Ruhetag. *Berggasthof St. Anton bei der Bergstation des Kranzbergsesselliftes, Tel. +49-(0)8823-8001, Di Ruhetag.

Wegbeschreibung Wildensee am Kranzberg:
Vom AP aus zunächst ca. 250 m auf der Fahrstraße zurück, dann rechts den schmalen Asphaltweg hinauf. Ab hier stets den Schildern Wildensee folgen. Rückweg auf derselben Strecke.
Sehr schwierige Variante zum Gipfel: Nach ca. 15 min (800 m) links den Schildern „Korbinianhütte" (insg. gut 30 min, 1,4 km) folgen, weiter über St. Anton (ca. 1 h, 2,4 km) bis zum Kranzberg (1 h 30 min, 3,4 km).

Wettersteingebirge und Mieminger Kette

Der Luttensee ist vom AP in ca. 10 min erreichbar: Der Straße ca. 400 m weiter folgen bis zur ersten Verzweigung: Rechts führt die Straße zum Gebirgsjägerdenkmal, geradeaus zur Luttenseekaserne. Links hinunter gelangt man über einen steilen, etwas ausgewaschenen Weg ans Ufer des Luttensees.

 Wettersteingebirge und Mieminger Kette

13. Riedboden

Das Naturschutzgebiet Riedboden an der oberen Isar ist eine Kultur- und Naturlandschaft, die durch jahrhundertelange Beweidung der kargen Böden im Überschwemmungsgebiet des Flusses entstanden ist. Die Artenvielfalt der Fauna und Flora sowie der naturbelassene Flusslauf machen den Riedboden zu einem herrlichen Fleckchen, auf dem es sich genüsslich spazieren, aber auch lagern und plantschen lässt.
Zwischen 1. April und 1. August ist das Betreten der Kiesbänke an der Isar zum Schutz der Brutvögel nicht gestattet, auch dann bieten jedoch die Wiesen zwischen dem lichten Kiefern- und Lärchenwald unzählige lauschige Plätze.

Wettersteingebirge und Mieminger Kette

Anforderung: Leicht; fein geschotterter, flacher Weg.
Dauer: RW 1h 30 min; 5,6 km; 0 Hm.
Wetter: ☺ Klass. Wanderwetter, auch bei leichtem Regen geeignet. Wenig Schatten am Weg, aber immer schattige Lagerplätze daneben zu finden.

Wanderwert für Kinder:
2–3 Jahre: Schattiger Brunnen und Quellteich mit Sitzbank nach ca. 1h 15 min (4,4 km). Kleinkinder besser im ersten Abschnitt (bis zum Umkehrpunkt der Runde nach ca. 40 min, 2,3 km) gehen lassen, im zweiten Teil sind mehr Radler unterwegs.
4–6 Jahre: S.o.
Kinderfahrrad: Ja.

Anfahrt: Von der A12 Inntalautobahn bei der Abfahrt „Zirl Ost/Garmisch" auf die B177 Zirlerbergstraße wechseln und dieser für ca. 21 km bis Scharnitz folgen. Hinter der Staatsgrenze zu Deutschland, direkt nach der Häusergruppe mit Tankstelle rechts neben der Straße parken oder wenden und neben der gegenüberliegenden Straßenseite parken. (Navi: Am Brunnstein 2, 82481 Mittenwald, Deutschland)
Öffis: Von Innsbruck Hauptbahnhof ohne Umsteigen in ca. 50 min mit der Mittenwaldbahn bis Scharnitz. Vom Bhf. Scharnitz hinunter zur B177, dieser nach rechts folgen, bis am Ortsende links die Brücke über die Isar führt. Nun geradeaus weiter bis zum Riedboden (ca. 1 km länger je Richtung als die PKW-Variante).
Ausgangspunkt/P: AP sind die PKW-Abstellmöglichkeiten hinter der Tankstelle an der Staatsgrenze.
Infos/Gaststätten: Keine Gaststätte entlang der Wanderstrecke, jedoch mehrere Einkehrmöglichkeiten in Scharnitz, z.B. an der Hauptstraße (Innsbruckerstr. 26)
*Gasthof Risserhof mit Kinderspielplatz, Tel. 05213-5240, www.risserhof.com.

Wegbeschreibung Riedboden:
Vom AP aus über die kleine Fußgängerbrücke die Isar queren und dem Weg weiter bis zu ersten Verzweigung folgen: Hier rechts abbiegen (ausgeschildert Mittenwald), um die Runde wie empfohlen im Gegen

Wettersteingebirge und Miemlinger Kette

uhrzeigersinn zu begehen. Die schönsten Lageplätze finden sich dann jedoch auf der ersten Hälfte der Wanderung.
Nach ca. 40 min (2,3 km) ist der Wendepunkt erreicht, spitzwinkelig führt der Weg nun auf der isarabgewandten Seite des Riedbodens zurück in Richtung Scharnitz, bevor in einem Bogen wieder der AP erreicht wird.

Wettersteingebirge und Mieminger Kette

14. Ferchensee / Lautersee

Diese besonders an heißen Sommertagen empfehlenswerte Wanderung zu den oberhalb von Mittenwald gelegenen Badeseen startet fast unmittelbar an der Grenze zwischen Österreich und Deutschland. Der idyllische Ferchensee mit seinem weitgehend naturbelassenen Ufer bietet neben großzügigen Liegewiesen auch für kleine Kinder geeignete, seichte Badeplätze. Ungefähr auf halber Strecke liegt der Lautersee, für kleine Füße ein nettes Etappenziel. Dort bietet das Strandbad die übliche Badeinfrastruktur.

Anforderung: Leicht; flache bzw. mittelsteile Steigungen; Asphalt-, Schotter- u. Waldwege.
Dauer: 1 h; ca. 3,2 km eine Strecke; ca. 100 Hm.
Wetter: ◐ Für jedes Wetter geeignet, auch an heißen Tagen, da zur Hälfte im Schatten. Schattige Plätze auf den Liegewiesen am See vorhanden.

Wettersteingebirge und Mieminger Kette

Wanderwert für Kinder:	
2–3 Jahre:	Geeignet sind insbesondere die Rundwege um die beiden Seen. In den Ferchensee mündet am Ostufer ein kleines Bächlein, das zum Spielen einlädt.
4–6 Jahre:	Spielplatz im Strandbad Lautersee. Walderlebnispfad mit ca. 1,9 km Länge abzweigend vom Ufer des Lautersees.
Kinderfahrrad:	Nicht geeignet.

Anfahrt: Von der A12 Inntalautobahn bei der Abfahrt „Zirl Ost/Garmisch" auf die B177 Zirlerbergstraße wechseln und dieser für ca. 25 km folgen (ab der Staatsgrenze zu Deutschland B2). Dann der Ausfahrt Mittenwald folgen und auf der Innsbrucker Straße ortseinwärts fahren, bis kurz hinter der Brücke die Abzweigung links hinauf nach Leutasch führt. Unmittelbar nach der ersten Serpentine finden sich entlang der Straße Parkplätze, ca. 200 m weiter ist ein Wanderparkplatz ausgeschildert.
(Navi: Leutascher Straße 2, 82481 Mittenwald)
Öffis: Nein.
Ausgangspunkt/P: AP ist der Parkplatz hinter der 1. Kehre der Leutascher Straße.
Infos/Gaststätten: Über die Wanderstrecke (Mittenwald - Lautersee - Ferchensee) verkehrt etwa im Stundentakt ein Linienbus (Mitte Mai bis Mitte Oktober).
www.taxi-schuetz.homepage.t-online.de. Die Seen können also auch einfach als Ausflugsziel erreicht werden.
*Ghf. Ferchensee, direkt am Ufer gelegen, Tel. +49 (0)8823-1409, www.gasthaus-ferchensee.de. *Hotel Lautersee, Café – Restaurant, Tel. +49 (0)8823-1017 bzw. 1018, www.hotel-lautersee.de. *Seehof Lautersee, Tel. +49 (0)8823-1276, Ruhetag: Di. *Strandbad Lautersee, Imbissbar, Bootsverleih, Sprungturm und Spielplatz., Tel. +49 (0)8823-932288.

Wegbeschreibung Ferchensee / Lautersee:

Von der Außenseite der Serpentine führt der Weg zunächst asphaltiert (Fahrverbot, aber Anrainer- und Linienbusverkehr) an den letzten Häusern am oberen Ortsrand von Mittenwald vorbei durch den Wald. Nach ca. 1,5 km (25 min) ist der Weg zum Lautersee ausgeschildert.
(Die Seeumrundung selbst ist auch ca. 1,5 km lang.)

Wettersteingebirge und Mieminger Kette

Zum idyllischeren Ferchensee folgt man der ausgeschilderten, breiten Schotterstraße geradeaus weiter (nochmals ca. 1,4 km, 20 min). An der Kreuzung, die den höchsten Punkt der Fahrstraße markiert, kann auch der Fußweg zum Ferchensee (nach links abzweigen, beschildert) mit dem Kinderwagen befahren werden, um direkt zu den Liegewiesen am Ostufer zu gelangen. Das Gasthaus liegt am Fahrweg am anderen Ende des Sees. Die Umrundung des Ferchensees am flachen Uferweg ist ca. 1,2 km lang.

Wettersteingebirge und Mieminger Kette

15. Leutascher Achweg

Die Leutasch, ein breites Hochtal inmitten des Wettersteingebirges, hat sich im Schatten des Seefelder Fremdenverkehrstrubels dem sanften Tourismus verschrieben und ist vor allem durch die ausgedehnte Loipenlandschaft im Winter bekannt. Die gemütliche Talwanderung entlang der sanften Leutascher Ache präsentiert immer wieder spektakuläre Ausblicke auf die Felsgipfel, die das Tal umrahmen.

Anforderung: Leicht; flacher, sehr gut gekiester Weg mit wenigen, kurzen grobschottrigen Passagen. Geländegängiger Kinderwagen sinnvoll.
Dauer: 2 h; 7,3 km eine Strecke; ca. 20 Hm.
Wetter: ◐ Klass. Wanderwetter, auch bei Hitze geeignet, weil auf über 1000 m Höhe und oft schattig am Waldrand verlaufend.

Wettersteingebirge und Mieminger Kette

Wanderwert für Kinder:
2–3 Jahre: Plantschmöglichkeiten immer wieder im Verlauf der Wanderung an den Sandbänken und Uferrinnsalen der Leutascher Ache. Teilabschnitte des Weges sind für Kleinkinder gut zu bewältigen, Vorsicht an Stellen, wo der Weg direkt am Bachufer verläuft!
4–6 Jahre: S.o.
Kinderfahrrad: Ja, dann allerdings besser Rückweg auf derselben Strecke statt der Busfahrt zurück zum AP.

Anfahrt: Von Innsbruck über die A12 Inntalautobahn bis zur Ausfahrt „Telfs Ost", dann im 1. Kreisverkehr geradeaus Richtung Seefeld, im 2. Kreisverkehr rechts (L36). Hinauf nach Bairbach, dort links abbiegen (L35, Richtung Leutasch). Über die Buchener Höhe und weiter auf der L35 bis zum Ortsteil Weidach. An der Verzweigung zur L14 links in Richtung Mittenwald abbiegen und dieser Straße folgen, bis nach 1,8 km der Orteil Ahrn erreicht ist. Gegenüber der Bushaltestelle rechts abbiegen und direkt hinter der Brücke parken. (Navi: Ahrn 212, 6105 Leutasch)
Öffis: Nein.
Ausgangspunkt/P: AP ist der Parkplatz unmittelbar hinter der Brücke über die Leutascher Ache.
Infos/Gaststätten: *Gasthaus Mühle, am Endpunkt der Route, Tel. 05214-6712, www.gasthof-zur-muehle.at. *Gasthof-Pension Reiterklause im Ortsteil Unterkirchen, kleine Snacks, Tel. 0664-7365365, www.ideintirol.com. Busverbindung mit Linie 431 von der Haltestelle „Gasthof Mühle" bis zur Haltestelle „Ahrn" etwa stündlich.

Wegbeschreibung Leutascher Achweg:
Vom AP bachabwärts den Schildern „Achweg" folgen. Am rechten Ufer führt der Weg bis zum Campingplatz, wechselt hier für einen kurzen Abschnitt die Bachseite (Schildern Lochlehn folgen), um bald darauf wieder auf der rechten Bachseite dem Waldrand zu folgen. Nach insgesamt 4,8 km (1 h 20 min) ist die Abzweigung links nach Unterkirchen erreicht (ausgeschildert). Geradeaus („Leutasch-Schanz") führt der Weg weiter bis zum Gasthof Mühle.

 Wettersteingebirge und Mieminger Kette

Varianten: Die Strecke kann verkürzt werden, indem bereits im Ortsteil Unterkirchen der Bus bestiegen wird (nach 5,7 km; 1 h 30 min). Statt der Rückfahrt mit dem Bus vom Gasthof Mühle kann die Tour auch als Rundwanderung begangen werden, dann muss bei Unterkirchen die Talseite gewechselt werden. Dieser Abschnitt ist jedoch landschaftlich weniger ansprechend und schwieriger zu begehen. Ein geländegängiger Kinderwagen ist dann unbedingt erforderlich!

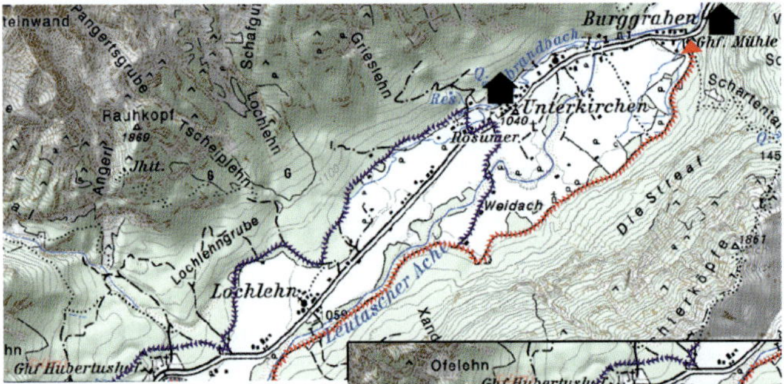

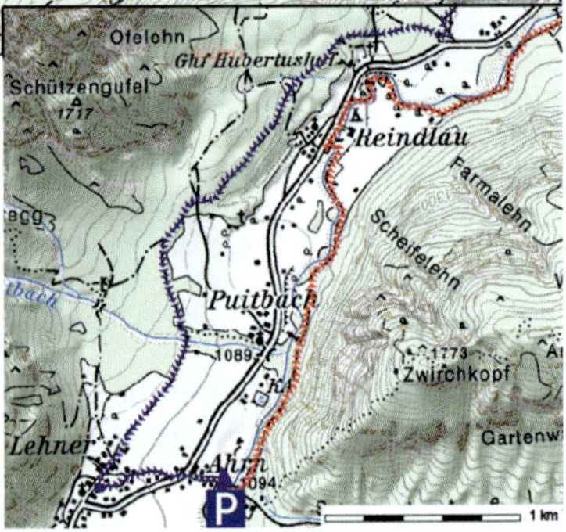

Wettersteingebirge und Mieminger Kette

16. Gaistalalm

Das Gaistal, die weitgehend naturbelassene Verbindung zwischen Leutasch und Ehrwald, liegt am Fuß so bekannter Gipfel wie der Hohen Munde. Die Rundwanderung durch den östlichen Abschnitt des Tales folgt den Spuren des Heimatschriftstellers Ludwig Ganghofer, der hier eine Jagdhütte besaß. Der Anstieg oberhalb der rauschenden Leutascher Ache, die sanfthügeligen Wiesen rund um die Alm und der Rückweg durch den lichten Wald machen diese Wanderung so abwechslungsreich, dass auch kleine Kinderbeine sich gerne müde laufen.

Anforderung:	Mittel; mittlere Steigungen und flache Passagen wechseln, feiner Schotter mit kurzen steinigen Abschnitten. Geländegängiger Kinderwagen sinnvoll.
Dauer:	RW 2 h 30 min; 7,8 km; ca. 200 Hm.
Wetter:	☽ Klass. Wanderwetter. Kurze schattige Abschnitte über die gesamte Weglänge.

 Wettersteingebirge und Mieminger Kette

Wanderwert für Kinder:	
2–3 Jahre:	Nur Teilabschnitte (z.B. am Ganghoferweg, hier als Rückweg beschrieben). Am Hinweg (nach 2,4 km) seichtes, großflächiges Bachbett zum Plantschen (wasserstandsabhängig). Brunnen und Spielplatz bei der Alm.
4–6 Jahre:	S.o.
Kinderfahrrad:	Nein.

Anfahrt: Von Innsbruck über die A12 Inntalautobahn bis zur Ausfahrt „Telfs Ost", dann im 1. Kreisverkehr geradeaus Richtung Seefeld, im 2. Kreisverkehr rechts (L36). Hinauf nach Bairbach, dort links abbiegen (L35, Richtung Leutasch). Über die Buchener Höhe und bei der ersten Möglichkeit links, dann der Straße zunächst durch den Ortsteil Moos, dann Obern folgen, bis über die Brücke. Hier links (ausgeschildert Gaistal), vorbei am Mauthäuschen (4 EUR) bis zum letzten Parkplatz des Gaistales (Salzbachbrücke). (Navi: Klamm 55, 6105 Leutasch).
Öffis: Nein.
Ausgangspunkt/P: AP ist der Parkplatz Salzbachbrücke im Gaistal.
Infos/Gaststätten: *Gaistalalm mit Sonnenterrasse, Tel. 05214-5190, www.gaistalalm.at, im Sommer ab Mitte Mai geöffnet.

Wegbeschreibung Gaistalalm:
Vom P aus über die namensgebende Brücke und auf dem breiten Fahrweg den Wegweisern Gaistalalm folgen. Nach gut 200 m zweigt rechts der Ganghoferweg ab, mit dem Kinderwagen empfiehlt sich

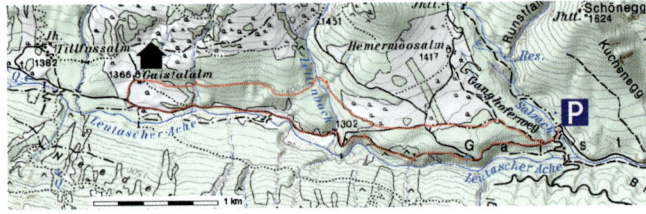

Wettersteingebirge und Mieminger Kette

jedoch die Runde im Uhrzeigersinn zu gehen und daher geradeaus auf dem Fahrweg zu bleiben. Nun zunächst ansteigend hoch über der Leutascher Ache, später entlang des Baches bis zur Alm (4,1 km, 1 h 20 min). Zurück über den Ganghoferweg, der direkt hinter der Alm erst höhenparallel, zum Schluss etwas steil absteigend zum Fahrweg zurückführt.

Wettersteingebirge und Mieminger Kette

17. Lottensee–Wildmoossee (ca. 1300 m)

Die beiden aperiodisch (unregelmäßig) auftretenden Seen liegen auf ca. 1300 m Höhe nahe dem Buchensattel am Fuß der Hohen Munde. Je nach Schneelage im Winter sowie Schneeschmelze und Niederschlägen im Frühjahr bilden sich in den sonst wiesenbewachsenen Becken zwei herrliche Seen, die in manchen Jahren zusätzlich durch Sprungquellen aus dem karstigen Untergrund gefüllt werden und dann den ganzen Sommer über als Badeseen erhalten bleiben. In solchen Jahren übt die Wanderung rund um die beiden Seen einen besonderen Reiz aus.
Im Winter wird die vorgeschlagene Strecke als Winterwanderweg präpariert, dann führt auch ein Teil des großen Seefelder Langlaufloipennetzes direkt durch die Seebecken.

Anforderung:	Leicht; überwiegend flach; teils asphaltiert, teils gut geschottert.
Dauer:	RW 1,5 h; 5 km; ca. 50 Hm.
Wetter:	☃ ☽ Klass. Wanderwetter. Ca. 50 % Schatten.

Wettersteingebirge und Mieminger Kette

Wanderwert für Kinder:
2–3 Jahre: Wenn die Seen gefüllt sind, eignen sie sich zum Baden/Plantschen. Sonst wenig Attraktionen speziell für Kinder.
4–6 Jahre: S.o.
Kinderfahrrad: Nicht geeignet.

Anfahrt: A12 Inntalautobahn bis zur Ausfahrt „Telfs Ost", dann auf der L36 den Schildern Seefeld/Mösern folgen. In mehreren Serpentinen steil bergauf – 6,6 km nach der Autobahnabfahrt noch unterhalb der Ortschaft Mösern nach links abbiegen (ausgeschildert "Lottensee"). Nach weiteren 1,5 km ist am Ufer des Lottensees der Parkplatz erreicht, weitere Parkmöglichkeit etwa 100 m weiter auf der Straße. (Navi: Wildmoos, 6410 Telfs)
Öffis: Nein.
Ausgangspunkt/P: AP ist der P am Rande des Lottensees.
Infos/Gaststätten: *Lottenseehütte, Tel. 0664-4003132, Ruhetag: Mi. *Ferienheim Wildmoos, Sonnenterrasse, Tel. 05212-3356. Beide ca. Dez. – März und ab Juni geöffnet, aktuelle Öffnungszeiten erfragen.

Wegbeschreibung Lottensee–Wildmoossee:

Vom AP (nahe der Lottenseehütte) aus der asphaltierten Straße oberhalb des Seeufers durch den Wald folgen. Nach ca. 2,3 km (45 min) bei einer Verzweigung links abbiegen (ausgeschildert u.a. „Ferienheim"). Nach knapp 15 min ist das Ferienheim Wildmoos am Wildmoossee erreicht. Von hier auf dem Weg weiter den Wegweisern „Interalpen

Hotel" folgen, bis schließlich wieder die Lottenseehütte ausgeschildert ist. Das letzte Stück, auf einem schmäleren Waldweg mit kurzen Steigungen und Gefällestrecken, führt am Golfplatz Seefeld-Wildmoos vorbei und zum AP zurück.

Wettersteingebirge und Mieminger Kette

18. Möserer See (1284 m)

Der idyllische Möserer See ist trotz seiner Höhenlage einer der wärmsten Alpenseen und damit ideal als Badesee für Kinder. Die sehr kurze Wanderung zunächst durch den Wald und dann rund um den See ist ein Tipp für jede Jahreszeit, weil die Wege im Winter geräumt und gestreut werden. Zahlreiche (wahlweise sonnige oder schattige) Bänke rund um den See laden zum Rasten ein.

Anforderung:	Leicht; überwiegend flach und sehr gut geschottert/gekiest, kurzer wurzeliger Abschnitt bei der Seeumrundung.
Dauer:	35 min; 1,6 km eine Strecke (0,7 km zum See, 0,9 km Seeumrundung); ca. 10 Hm.
Wetter:	Für jedes Wetter geeignet. Ca. 75 % Schatten.

Wettersteingebirge und Mieminger Kette

Wanderwert für Kinder:	
2–3 Jahre:	Gut geeignet, da sehr kurz und im Sommer lockt der Badesee. Für Gehanfänger ist die Seeumrundung (0,9 km) eine Empfehlung.
4–6 Jahre:	S.o.
Kinderfahrrad:	Nein.

Anfahrt: A12 Inntalautobahn bis zur Ausfahrt „Zirl Ost/Garmisch", dann über den Zirler Berg (B177) bis Reith/Auland (9,6 km von der Autobahn), hier nach links dem Wegweiser "Seefeld" (L36) folgen. Nach weiteren 1,8 km im Ort Seefeld an einer Kreuzung links nach Mösern (kleines Schild) abbiegen. Ab hier den Schildern "Mösern" folgen, bis im Ort selbst rechts hinauf der Mösererseeweg abbiegt. Parkplatz nach zwei Kehren am Ende des Asphalts. (Navi: 6100 Telfs/Mösern, Möserer Seeweg 12)

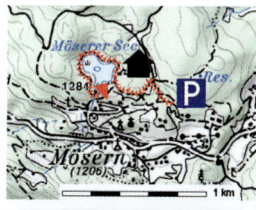

Öffis: Nein.
Ausgangspunkt/P: AP ist der Parkplatz am Ende des Mösererseeweges.
Infos/Gaststätten: *Möserer Seestubn, Terrasse mit Blick über den See, Tel. 05212-4779, http://seestubn.webnode.at, Ruhetag Mo.

Wegbeschreibung Möserer See:

Vom P aus dem Forstweg geradeaus folgen. Die erste ausgeschilderte Abzweigung nach links zum Möserer See nehmen. An der nächsten Weggabelung führt die kinderwagentaugliche Variante nicht geradeaus (über ein paar Stufen), sondern kurz rechts und nach wenigen Metern wieder links (ebenfalls ausgeschildert). Dieser Weg führt zum direkt am Ufer geführten Rundweg um den See, an dessen Ostseite der Badesteg und etwas erhöht der Gasthof liegt.

Wettersteingebirge und Mieminger Kette

19. Lärchenwiesenweg Obsteig

Das Landschaftsschutzgebiet Mieminger Plateau fasziniert durch den Gegensatz der sanften, durch traditionelle Landwirtschaft kleinteilig geprägten Fläche vor der alpinen Kulisse der Mieminger Kette. Herzstück des Schutzgebietes sind die Lärchenwiesen, denen das goldene Nadelkleid der Bäume im Herbst einen besonderen Reiz verleiht. In der vorgeschlagenen Richtung überwindet man die sanfte Steigung bis auf Höhe des Holzleitensattels in der ersten Hälfte des Rundweges, der etwas steilere Abstieg folgt dann am Schluss.

Anforderung: Mittel. Teils flach, teils mäßig ansteigend / abfallend. In der angegebenen Richtung ist der Anstieg eher sanft (höchster Punkt ist der Spielplatz), mit einem längeren, mäßig steilen Abstieg am Ende. Gut geschotterter bzw. asphaltierter Weg, auf kurzen Abschnitten schmal, geländegängiger Kinderwagen nötig.
Dauer: 2 h 45 min; 9,2 km RW; ca. 200 Hm.
Wetter: ☽ Klass. Wanderwetter. Nach heftigen Regenfällen können einzelne Passagen matschig sein. Insgesamt ca. 50 % Schatten, jedoch immer wieder schattige Sitzbänke. Höhenlage ca. 1000m.

Wettersteingebirge und Mieminger Kette

Wanderwert für Kinder:
2–3 Jahre:	Die ganze Runde ist zu lang, Abschnitte (entlang der sonnigen Wiesen z.B. eignen sich jedoch gut für Kleinkinder). Der Abenteuerspielplatz kurz vor dem Gasthof Arzkasten begeistert durch die zahlreichen geschnitzten Tierfiguren an den außergewöhnlichen Spielgeräten. Brunnen an der Kapelle ca. 15 min vor dem Spielplatz, auch beim Gasthof.
4–6 Jahre:	Vorschlag zum Kürzen der Runde: Parken bei der Lärchensiedlung, von dort über den Spielplatz zum Gasthof Arzkasten. Retour am Hinweg.
Kinderfahrrad:	Für geübte Radler ab ca. 6 Jahren, wenn kurze Passagen geschoben werden.

Anfahrt: Von Innsbruck über die A12 (Inntalautobahn) bis Telfs West, dann Richtung Mieming (B189) und weiter bis Obsteig. Ca. 500m hinter der Kirche links hinunter den Schild „Sportplatz" folgen. AP ist der Parkplatz beim Sportplatz. (Navi: Langgarten, 6416 Obsteig)

Öffis: Möglich: Linie 4176 fährt vom Innsbrucker Hauptbahnhof in gut einer Stunde nach Obsteig (Gemeindeamt). Von dort ca. 100m weiter auf der Mieminger Straße, bis es links hinunter zum Sportplatz geht.
Ausgangspunkt/P: AP ist der Parkplatz beim Sportplatz in Obsteig. Alternativ kann die Runde auch beim Parkplatz in der Lärchensiedlung oder beim Gasthof Arzkasten gestartet werden (gebührenpflichtiger P).
Infos/Gaststätten: *Ghf. Arzkasten, Tel. 05264-8121, Mo + Di Ruhetag. Weitere Einkehrmöglichkeiten in Obsteig.

Wegbeschreibung Lärchenwiesenweg Obsteig:
Vom AP am geschotterten Weg bachparallel sanft ansteigend bis zu einer Verzweigung mit weiterem Parkplatz (ca. 1 km). Ab hier den Schildern „Obsteiger Rundwanderweg" folgen, nach ca. 300 m links in den Wald. Nach 1,8 km die Mieminger Straße queren,

Wettersteingebirge und Mieminger Kette

gegenüber kurz auf schmalem, bald wieder auf breitem Weg weiter. Diesen wieder links verlassen (ausgeschildert „Obsteiger Rundwanderweg") und durch die Lärchenwiesen bis zur Lärchensiedlung (4 km). Hier wieder rechts halten (Schilder) und nun entweder gemütlich auf der Asphaltstraße weiter oder etwas abwechslungsreicher auf schmalem Waldweg links (ausgeschildert „Aschland"). Beide Varianten führen nach ca. 300 m wieder zusammen. Nun kurz hinter einem großen Strommasten rechts abbiegen und unbeschildert einem Feldweg folgen und in einem weiten Bogen zu einer kleinen Kapelle (Brunnen!) zurück zur Straße. Rechts ist schon der Gasthof zu sehen, trotzdem zunächst nach links den Schildern „Abenteuerspielplatz" folgen. Nach insgesamt 5,5 km ist dieser erreicht. Von dort dem Weg folgen bis zum Gasthof. Immer weiter auf dem „Obsteiger Rundwanderweg" bis kurz hinter einer Brücke rechts abwärts unbeschildert ein Feldweg führt. Über Wiesen bis zur „Husky-Ranch", hier rechts hinunter zurück bis ins Dorf Obsteig bis zur Mieminger Straße. Links bis zum Zebrastreifen, von dort bis zum Sportplatz (AP) hinunter.

Wettersteingebirge und Mieminger Kette

20. Loisachquellen/Mittersee

Das nördlich des Fernpasses nahe der vielfrequentierten Passstraße gelegene Quellgebiet der Loisach mit seinen Seen ist selbst in der Hauptreisezeit im Sommer eine Oase der Erholung. Wer sich auf der Durchreise befindet, kann hier eine erholsame Fahrpause einlegen; wer eigens anreist, sollte auf die Verkehrsdichte an den Wochenenden achten. Die Bergseen selbst laden mit ihren seichten, kindergerechten Ufern im Sommer zum Baden und Lagern am Ufer ein. Die hier vorgeschlagene Variante zum Mittersee ist sehr kurz und kinderwagentauglich; der Abstecher zu den Loisachquellen ist kinderwagengeeignet, kann aber mit Trage abgekürzt werden. Ohne Kinderwagen ist die Variante zum Blindsee auch sehr empfehlenswert (und vermeidet die an Badetagen meist überfüllte Mautstraße).

Anforderung: Leicht; weitgehend flach, gut geschotterter, teilweise nur kinderwagenbreiter Weg.
Dauer: Mittersee: 15 min; 0,8 km eine Strecke; ca. 10 Hm.

 Wettersteingebirge und Miemlinger Kette

Wetter:	Loisachquellen: 45 min: 2,9 km eine Strecke, ca. 50 Hm. ◐ Für jedes Wetter geeignet, ca. 50% Schatten, schattige Lagerplätze am Mitterseeufer.

Wanderwert für Kinder:
2–3 Jahre: Bis zum Mittersee auch für kleine Kinder geeignet. Kleine Auswahl an Spielgeräten am Mittersee (Rutsche, Schaukel). Die Loisachquellen sammeln sich in einem seichten Becken, sind aber eiskalt.
4–6 Jahre: Der kurze, (für Kinderwägen ungeeignete) schmale Pfad vom Mittersee zu den Loisachquellen ist spannend.
Kinderfahrrad: Nein.

Anfahrt: Von Innsbruck der A12 Inntalautobahn in Richtung Westen folgen bis zur Ausfahrt Mötz, dann stets den Schildern zum Fernpass folgen. Am Fernpass weiter auf der B179 Fernpassstraße bis zum Abzweig Biberwier, unmittelbar hinter dem Abzweig rechts auf dem Parkplatz Weißensee parken. (Navi: Parkplatz Weißensee, 6633 Biberwier)
Öffis: Nein.
Ausgangspunkt/P: AP ist der Parkplatz Weißensee.
Infos/Gaststätten: Keine im Verlauf der Wanderung, jedoch Einkehrmöglichkeiten in Biberwier.

Wegbeschreibung Loisachquellen/Mittersee:

Vom AP aus in Richtung zur Fernpassstraße den Wegweisern „Loisachquellen" und „Mittersee" folgen. Kinderwagenbreit führt der Weg unter der Fernpassstraße durch; dann breiter in einem Bogen zunächst an einem seerosenbewachsenen kleineren See vorbei bis zum Mittersee (0,8 km). Hier findet sich die erste Gelegenheit zum Lagern und Baden. Wer mit Trage unterwegs ist, kann von hier den kleinen, wurzeligen Steig zu den Loisachquellen abkürzen (ca. 15 min, ausgeschildert „über Loisachquellen nach Biberwier"), mit Kinderwagen folgt man dem Wegweiser „Blindsee", der entlang des Mitterseeufers weiterführt. Nach

Wettersteingebirge und Mieminger Kette

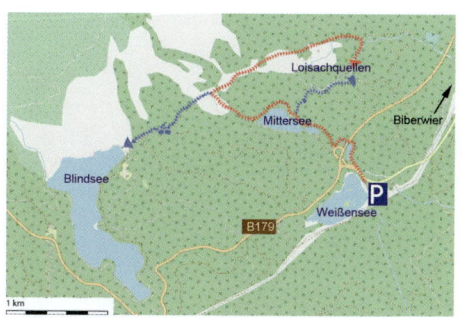

etwa 1,5 km vom AP verzweigt sich der Weg: Rechts (ausgeschildert „Biberwier") führt die Forststraße zunächst flach, später etwas abfallend bis zu einer Wegkreuzung (ca. 2,8 km), an der die Loisachquellen ausgeschildert sind. Hier dem schmalen Weg noch mal etwa 100m bis zum Quellsammelbecken folgen. Der Rückweg erfolgt auf derselben Strecke.

Eine Variante (nur mit Trage) führt vom Mittersee weiter zum Blindsee: Dafür an der Verzweigung 1,5 km vom AP entfernt links den Schildern „Blindsee" folgen. Zunächst noch auf einem Forstweg, später auf einem Steig gelangt man auf einen kleinen Höhenrücken, von dem aus zum See abgestiegen wird (ca. 2,4 km, 80 Hm eine Strecke).

III. Stubaier Alpen
Sellrain, Stubai, Gschnitz

Stubaier Alpen

21. Piburger See

Das Landschaftsschutzgebiet rund um den Piburger See erhielt sein Aussehen durch einen gewaltigen Bergsturz, der die Ötztaler Ache verlegte und mit seinen Gesteinsmassen den See oberhalb des Haupttalbodens aufstaute. Heute ist der See zu Recht ein beliebtes Ausflugsziel für jede Jahreszeit: Die kurze Wanderung ist gleichermaßen ideal für kalte Wintertage, wenn Schnee und Eis den See in eine Wintermärchenlandschaft verwandeln, wie für heiße Sommertage, wenn der See zum Abkühlen einlädt. Offiziell ist das Baden nur in der Badeanstalt erlaubt; das überwiegend steile Ufer ist zudem wenig geeignet für Nichtschwimmer.

Anforderung: Leicht; teils asphaltierter, teils gut geschotterter Weg, sanfte Steigung vom See zurück zum AP.

# Stubaier Alpen

	Alternativroute: Mittel, mäßige Steigungen auf überwiegend gut geschottertem Weg
Dauer:	30 min; 1,3 km eine Strecke; ca. 35 Hm.
	Alternativroute: 45 min, 1,8 km eine Strecke, ca. 120 Hm.
Wetter:	◐ Für jedes Wetter geeignet. Ca. 50% Schatten (überwiegend am Seeufer). Im Winter bei entsprechenden Bedingungen auch Eislaufen möglich. Der kurze Abschnitt von Piburg bis zum See hinunter kann im Winter gerodelt werden, Rutschplatteln einpacken!

Wanderwert für Kinder:
2–3 Jahre:	Am kurzen Weg zum See dreht sich das Mühlrad einer alten Mühle, ein schattiges Bankerl mit dem seichten Seezufluss daneben.
4–6 Jahre:	Badeanstalt am See mit Plattform.
Kinderfahrrad:	Nein.

Anfahrt: Von Innsbruck über die A12 Inntalautobahn bis zur Abfahrt Ötztal, dann der B186 Ötztalbundesstraße folgen bis Ötz. In Ötz rechts dem Schild „Piburg" folgen und auf schmaler Straße in Kehren bis Piburg. Der Parkplatz liegt links, unterhalb des Hotels Seerose. *Alternativroute:* In Ötz weiter der B186 taleinwärts folgen bis zum nächsten Ort Habichen. Dem Schild „Habichen" nach links folgen und beim Habicher Hof rechts unter der B186 durch bis zum Parkplatz Habicher See zu gelangen.
Öffis: Nein.
Ausgangspunkt/P: AP ist der gebührenpflichtige Parkplatz in Piburg.
Alternativroute: der gebührenfreie Parkplatz bei der holzgedeckten Brücke in Habichen.
Infos/Gaststätten: *Ghf. Seehäusl, Tel. 0664-4831688, www.seehäusl.tirol, tägl. geöffnet. *Restaurant am Piburger See, Tel. 0650-4743615, www.piburgersee.tirol. *Badeanstalt, Bootsverleih, Mai–Sept. geöffnet (außer bei Schlechtwetter), Tel. 0664-4707424.

Stubaier Alpen

Wegbeschreibung Piburger See:
Vom AP den Schildern zum See folgen. Sanft absteigend führt der Weg zum Seeufer (ca. 500m), dann auf der rechten Seeseite bis zum Gasthof Seehäusl bzw. zur Badeanstalt. Die Umrundung des Sees ist mit Kinderwagen nicht möglich, mit Trage allerdings lohnend. Kleine Kinder im steilen Waldgelände an der Hand führen.

Alternativroute: Wenn in Piburg alle Parkplätze belegt sind, kann der See auch von Habichen aus mit dem Kinderwagen erreicht werden. AP ist dann der Parkplatz für den Habicher See. Von dort über die holzgedeckte Brücke die wilde Ötztaler Ache queren und stets den Schildern zum Piburger See folgen. Nach einem mäßig steilen Anstieg im Wald ist nach ca. 20 min eine Weggabelung mit großem Holzkreuz, schattiger Bank und seichtem Bach erreicht (Tipp für eine Rast an heißen Tagen!). Von dort zunächst weitgehend höhenparallel und zum Schluss nochmal kurz ansteigend, bis der breite Weg zum See hinunterführt.

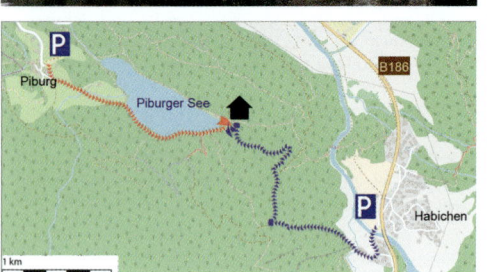

Stubaier Alpen

22. Feldringalm (1886 m)

Diese Tour ist kurz und herrlich unkompliziert, und dennoch hat man am Ziel den Eindruck, wirklich „am Berg" zu sein: Der Panoramablick auf Ötztaler Gipfel sowie die gegenüberliegende Mieminger Kette und die tiefe Furche des Inntals dazwischen tragen maßgeblich dazu bei. Wer mit Trage unterwegs ist, kann nicht nur die letzten Kehren unterhalb der Alm über einen Wiesenweg abkürzen, sondern auch noch ein Stück über die Alm hinausgehen, wo sich im sanften Wiesengelände Lagerplätze finden lassen. Tipp für den August: Im Wald unterhalb der Alm lassen sich mit eifrigen Kindern Blaubeeren in großer Menge sammeln!

Anforderung: Mittel. Mäßig, aber stetig ansteigend. Gut geschotterter, breiter Weg.

 Stubaier Alpen

Dauer: 45 min Aufstieg; 2 km eine Strecke; ca. 200 Hm.
Wetter: Klass. Wanderwetter. Aufgrund der Höhenlage insbesondere bei großer Hitze geeignet. Insg. ca. 25 % Schatten. Im Winter familientaugliche Rodelbahn.

Wanderwert für Kinder:
2–3 Jahre: Im ersten Teil des Weges mehrmals kleine Lacken und Rinnsale neben dem Weg. Brunnen an der Alm.
4–6 Jahre: 5 min unterhalb der Alm, gut einsichtig vom Weg, gibt es einen kleinen Felsriegel, an dem sich vortrefflich lagern und kraxeln lässt. Für geübte Wanderkinder kann auch das Faltegartenköpfl oberhalb der Alm eine spannende Herausforderung sein.
Kinderfahrrad: Nein.

Anfahrt: Von Innsbruck über die A12 (Inntalautobahn) bis Mötz, dann der B171 in Richtung Haiming folgen. In Haiming links den Schildern „Haiminger Berg" und weitere 10 km auf der steilen Bergstraße bis zum Sattele. AP ist der gebührenpflichtige Parkplatz beim Sattele. (Navi: Sattele Parkplatz, 6433 Haiming)
Öffis: Nein.
Ausgangspunkt/P: AP ist der Parkplatz beim Sattele (gebührenpflichtiger P).
Infos/Gaststätten: *Feldringalm, Panoramaterrasse, Tel. 0699-13375291, Ende Mai bis Ende Oktober, kein Ruhetag.

Wegbeschreibung Feldringalm:

Vom AP am geschotterten Weg dem Schild „Feldring Alm" folgen. Der Weg führt in gleichmäßiger Steigung am Hang entlang. Nach etwa 500m bei der Verzweigung dem Weg geradeaus folgen. Im letzten Abschnitt führen zwei Serpentinen zur Alm.
Mit Trage lohnt sich der Weiterweg auf den Gipfel des Faltegartenköpfls (2184m), der noch einen besseren Blick in die Ötztaler, Stubaier und Mieminger Berge gewährt.

Stubaier Alpen

Stubaier Alpen

23. Kühtaier Seen (2335 m)

Wenn die Hitze im Inntal unerträglich wird, bietet diese Wanderung eine sportliche Alternative zu Freibad und Eisdiele: Bereits der Ausgangspunkt im touristischen Skiort Kühtai liegt auf fast 2000 m Höhe und damit oberhalb der Waldgrenze. Der Aufstieg über die für den Verkehr gesperrte Werksstraße führt durch einen ca. 200 m langen, beleuchteten Tunnel zum Finstertaler Stausee und bringt den Kinderwagen in eine ungewohnt alpine Umgebung, geprägt von vereinzelten Zirben, bunten Almblumen und schroffen Felsgipfeln.
Der weitere Weg zur Drei-Seen-Hütte führt einen steilen Hang querend zunächst abwärts, bald wieder sanft ansteigend oberhalb des unteren Plenderlessees vorbei.

Stubaier Alpen

Anforderung:	Schwer; steiler, asphaltierter Weg bis zum Stausee, weiter zur Drei-Seen-Hütte teils steil absteigend auf gutem Schotterweg (50 Hm Gegenanstieg beim Rückweg!).
Dauer:	1 h 30 min; 3,5 km; 350 Hm bis zur Staumauer; 2 h; 4,6 km eine Strecke; ca. 400 Hm bis zur Dreiseenhütte.
Wetter:	○ Ideal für sehr heißes Hochsommerwetter, da aufgrund der Höhe die Temperaturen meist ca. 10–15°C niedriger sind als im Inntal. Bis zum Frühsommer verschneit!

Wanderwert für Kinder:

2–3 Jahre:	Große Abschnitte des (breiten) Weges verlaufen entlang von steilen Hängen, Sicherungsstrick ev. mitnehmen. Weidevieh (Kühe, Pferde) nahe des AP. Im Tunnel knapp unterhalb der Staumauer gibt es spannende akustische Effekte (Hall), das kann aber auch Angst machen. Einfacher Holzspielturm bei der Drei-Seen-Hütte. Der Plenderlessee (kurzer Abstieg auf schmalem Pfad) eignet sich zum Steineschmeißen. Variante für gehfreudige Kinder (ohne Kinderwagen): Mit der Drei-Seen-Bahn (4er-Sessellift) bis oberhalb der Drei-Seen-Hütte fahren, von dort die Wanderung in umgekehrter Richtung überwiegend im Abstieg begehen.
4–6 Jahre:	S.o.
Kinderfahrrad:	Nein.

Stubaier Alpen

Anfahrt: A12 Inntalautobahn bis Ausfahrt Kematen, auf der Sellrainer Landesstraße L13 ca. 26 km geradeaus ins Sellraintal bis zur Passhöhe Kühtai. Auf der anderen Seite noch ca. 500 m hinunter fahren, dann links zum P der Drei-Seen-Bahn (ausgeschildert) abzweigen.
Öffis: Möglich: In gut einer Stunde von Innsbruck Hbf mit Buslinie 4166 ohne Umsteigen bis zum AP.
Ausgangspunkt/P: AP ist der P der Drei-Seen-Bahn in Kühtai.
Infos/Gaststätten: *Drei-Seen-Hütte 2311 m, Sonnenterrasse mit Blick auf den unteren Plenderlessee, geöffnet während der Betriebszeit der Drei-Seen-Bahn (bis 16:30 Uhr von Ende Juni bis Anfang Oktober). Im Ort Kühtai auch im Sommer mehrere Gasthöfe geöffnet, z.B. *Schöne Aussicht, Tel. 05239-5203, www.schoene-aussicht.info

Wegbeschreibung Kühtaier Seen:
Vom P aus rechts an der Talstation der Drei-Seen-Bahn vorbei einem geschotterten Weg entlang eines kleinen Baches folgen, bis nach ca. 450 m die asphaltierte Werksstraße erreicht ist. Hier rechts und von dort in mehreren Kehren und durch den Tunnel bis zur Staumauer des Finstertaler Stausees (1,5 h, 3,5 km, 350 Hm).
Der Weiterweg zur Drei-Seen-Hütte führt von dort, wo die Dammkrone der Staumauer erreicht wird, im spitzen Winkel links wenige Meter hinauf, dann auf geschottertem Weg abwärts (ausgeschildert) und schließlich wieder sanft ansteigend bis zur Hütte.
Der Rückweg erfolgt auf derselben Route.

Stubaier Alpen

24. Gleirschalm (1666 m)

Die kurze Wanderung zur Gleirschalm im Sellraintal ist ein ideales Familienziel für den Sommer genauso wie für den Winter. Der überwiegend sanft ansteigende Weg durch den Wald, später durch Almwiesen eignet sich sogar für die ersten Wanderversuche mit Gehanfängern (unterstützt von Tragehilfe/Kinderwagen). Insbesondere im Sommer lockt der große Waldspielplatz bereits nahe des Ausgangspunktes Kinder (fast) jeden Alters, direkt bei der Alm befindet sich ein zweiter Spielplatz.
Die einfache Rodelbahn ist meist den ganzen Winter gut befahrbar und, auch wegen des kurzen Anstiegs, daher ideal für Kleinkinder. Für den Aufstieg wird im Winter im unteren Teilabschnitt ein separater Weg durch den Wald geräumt, so dass Fußgänger und Rodler dort getrennt sind. Größere Kinder können sich direkt neben der Alm an einer kurzen Rodelbahn austoben.

Stubaier Alpen

Anforderung:	Mittel; sanft ansteigender, gut geschotterter Forstweg.
Dauer:	45 min; 1,6 km eine Strecke (Sommer); 1,8 km (Winter); ca. 150 Hm.
Wetter:	◐ Für jedes Wetter geeignet. Ca. 50 % Schatten. Höhenlage beachten (Temperatur niedriger, im Frühjahr länger Schnee).

Wanderwert für Kinder:
2–3 Jahre:	Ideales Ziel für Kleinkinder: kurze Gehzeit, Spielplätze nahe beim AP und bei der Alm.
4–6 Jahre:	S.o.
Kinderfahrrad:	Nein.

Anfahrt: A12 Inntalautobahn bis Ausfahrt „Kematen", auf der Sellrainer Landesstraße L13 ca. 17 km geradeaus ins Sellraintal bis St. Sigmund. Dort in der Serpentine links auf den gebührenpflichtigen P. (Navi: 6184 St. Sigmund im Sellrain 16)
Öffis: Möglich ohne Umsteigen von Innsbruck Hauptbahnhof bis Haltestelle „St. Sigmund i.S. Gleirschtal".
Ausgangspunkt/P: AP ist der gebührenpflichtige Wanderparkplatz in St. Sigmund.
Infos/Gaststätten: *Gleirschalm, typische Jausen aus eigener landwirtschaftlicher Erzeugung, Tel.: 05236-208 oder 0664-3254697, im Sommer tägl., im Winter meist am Wochenende und in den Ferien geöffnet. Aktuelle Öffnungszeiten unter https://www.almenrausch.at/einkehren/rodelhuettenfuehrer.html.

Wegbeschreibung Gleirschalm:
Vom AP aus dem gut ausgeschilderten Forstweg ins Gleirschtal folgen. Nach wenigen Minuten bereits liegt rechts ein Waldspielplatz. Nach der Brücke über den Bach teilt sich im Winter der Aufstiegsweg (links, durch den Wald) von der Rodelbahn (rechts). Nach gut 30 min Gehzeit treffen die beiden Wege wieder zusammen, von hier führt der Weg über Almwiesen unterhalb einer kleinen Kapelle vorbei bis zur Alm.

Stubaier Alpen

25. Lüsener Fernerboden (1720 m)

Der weitgehend naturbelassene Talschluss von Lüsens, einem kleinen Seitental des Sellraintales, bietet sich an, eine einfache und kurze Wanderung in dennoch sehr alpiner Umgebung zu unternehmen. Zu Füßen des knapp 3300 m hohen Lüsener Fernerkogels kann man hier den Kinderwagen entlang des Gletscherbaches durch die Almwiesen schieben. Im Winter wird in unmittelbarer Nähe des präparierten Wanderweges die Loipe geführt, so dass langlaufende Eltern sich hier zusätzlich abwechselnd sportlich betätigen können. Der präparierte Wanderweg nahe der Loipe führt auch noch ein Stück talauswärts vom Gasthof Lüsens weg.

Anforderung: Leicht; nach der kurzen Anfangssteigung weitgehend flacher, gut geschotterter breiter Weg.
Dauer: 45 min; 2 km eine Strecke; ca. 100 Hm.
Wetter: ○ Klass. Wanderwetter. Sehr sonnig, aber hoch gelegen. Im Winter präparierter Winterwanderweg, allerdings ungünstig bei sehr weichem Schnee im Frühjahr.

Stubaier Alpen

Wanderwert für Kinder:
2–3 Jahre: Kleintiere in einem kleinen Gehege beim Gasthof Lüsens. Am Ende des Weges je nach Wasserstand Plantschmöglichkeit an einem Seitenarm des Gletscherbaches (eiskalt!).
4–6 Jahre: Entlang der Strecke führt der Gletscherlehrpfad mit 9 Schautafeln.
Kinderfahrrad: Nein.

Anfahrt: A12 Inntalautobahn bis Ausfahrt „Kematen", auf der Sellrainer Landesstraße L13 ca. 13 km geradeaus ins Sellraintal bis Gries im Sellrain. Hier links abbiegen („Praxmar, Lüsens") und den Schildern nach Lüsens folgen bis zum großen, gebührenpflichtigen P am Ende der Straße. (Navi: Lüsens 1, 6182 Lüsens)
Öffis: Nein.
Ausgangspunkt/P: AP ist der gebührenpflichtige P am Ende der Lüsener Straße.
Infos/Gaststätten: *Alpengasthof Lüsens, Sonnenterrasse, Tel. 0664-2133129, ganzj. geöffnet, https://luesens.wordpress.com/.

Wegbeschreibung Lüsener Fernerboden:
Vom P direkt beim Gasthof Lüsens auf dem gut ausgeschilderten Weg (Gletscherlehrpfad) taleinwärts. Der Weg endet beim Jugendheim des Prämonstratenserstiftes Wilten (zu dem auch der Gasthof gehört). Es bietet sich also an, einen allfälligen Rastplatz in den Wiesen kurz vorher zu suchen. Der Rückweg erfolgt auf derselben Strecke.

Stubaier Alpen

26. Oberperfer Wiesenweg

Der kurze Rundweg über die sonnigen Wiesen oberhalb des Dorfes Oberperfuss begeistert durch das atemberaubende Panorama hinunter ins Inntal und auf die Landeshauptstadt, hinüber auf die Dörfer des sogenannten Innsbrucker Mittelgebirges und hinauf auf die angrenzenden Gipfel. Zahlreiche Sitzbänke entlang des Weges laden zum Verweilen ein. Der Weg am Fuß des Rangger Köpfls wird im Winter als Wanderweg präpariert, sodass er auch bei Schnee häufig gut mit dem Kinderwagen befahrbar ist.

 Stubaier Alpen

Anforderung:	Leicht; sanft ansteigender bzw. abfallender teils asphaltierter, teils gut geschotterter breiter Weg. Geländegängiger Kinderwagen zum Queren der Piste sinnvoll.
Dauer:	RW 1 h; 3 km; ca. 60 Hm.
Wetter:	Wenig Schatten, auch im Hochwinter. Wenig geeignet an windigen Tagen.

Wanderwert für Kinder:
2–3 Jahre: Brunnen (mit Sitzbank und Aussicht) nach ca. 2,2 km.
4–6 Jahre: S.o.
Kinderfahrrad: Nur für geübte Radlerinnen, weil die Strecke nicht ganz flach ist.

Anfahrt: A12 Inntalautobahn bis Ausfahrt „Kematen", auf der Sellrainer Landesstraße L13 bis zum Kreisverkehr, hier rechts und weiter den Schildern hinauf nach Oberperfuss folgen (L233). Im Dorf bei der Bushaltestelle geradeaus weitere 1,2 km aufwärts, bis im Ortsteil Kammerland links das Café Grünfelder liegt. Parkmöglichkeit direkt gegenüber dem Café. (Navi: Kammerland 30, 6173 Oberperfuss)
Öffis: Gut möglich: ohne Umsteigen von Innsbruck Hbf. bis Oberperfuss Kammerland.
Ausgangspunkt/P: AP ist beim Café Grünfelder.
Infos/Gaststätten: Café Grünfelder, Tel. 05232-81332, www.appartement-gruenfelder.at

Wegbeschreibung Oberperfer Wiesenweg:

Vom AP aus zunächst etwa 100 m der Straße aufwärts folgen, dann nach rechts (Wegweiser „Wiesenweg") auf den zunächst asphaltierten Weg abbiegen. Diesem immer geradeaus folgen. Nach ca. 1,3 km (25 min) wird die Piste der Bergbahnen Rangger Köpfl gequert: Vorsicht bei eisiger Piste, im Zweifelsfall besser umkehren! Hinter der Piste trifft man auf einen Forstweg (im Winter eine Rodelbahn), diesem ca. 200 m abwärts folgen, dann wieder rechts abbiegend (ausgeschil-

Stubaier Alpen

dert) zurück. Bald darauf ist wieder die Piste zu queren, hier allerdings nahezu flach. Von dort immer geradeaus bis zurück zum Weiler Kammerland. Nach dem Erreichen der Dorfstraße dieser noch ca. 200 m rechts bis zum Café Grünfelder folgen.

Stubaier Alpen

27. Götzner Panoramarunde

Nahe der Ortschaft Götzens führt dieser abwechslungsreiche Rundweg übers westliche „Mittelgebirge": Zunächst schattig entlang der unteren Waldgrenze und dabei vielfach ein herrliches Panorama auf die gegenüberliegende Nordkette bietend, wandert man später durch sonnige Wiesen mit Blick auf Roßkogel und Hohe Munde, um schließlich am Natterer See vorbei wieder zum Ausgangspunkt zurückzukommen. Obwohl die Strecke überwiegend flach verläuft, gibt es gerade im ersten, waldigen Teil zahlreiche „Auf und Abs" sowie eine längere, sehr steile Steigung, die etwas Kondition verlangen. Im Sommer entschädigt dafür das Bad im Natterer See.

Anforderung:	Mittel; teils flach, teils hügelig mit einer längeren, steilen Steigung. Gut geschotterter bzw. asphaltierter Weg, geländegängiger Kinderwagen nötig.
Dauer:	RW 2 h 45 min; 9 km; ca. 200 Hm.
Wetter:	☾ Klass. Wanderwetter. Nach heftigen Regenfällen können einzelne Passagen gatschig sein. Überwiegend im ersten Abschnitt schattig.

Stubaier Alpen

Wanderwert für Kinder:
2–3 Jahre:	Die ganze Runde ist zu lang, Abschnitte (z.B. entlang der sonnigen Wiesen) eignen sich jedoch gut für Kleinkinder. Nach der langen Steigung fließt (je nach vorangegangener Witterung) ein kleines Bächlein in einem Graben entlang des Weges (allerdings eher gatschig). Brunnen ganz am Ende im Ortsgebiet von Götzens.
4–6 Jahre:	Der Natterer See (mit Schwimmbad, Spielplatz) lockt im Sommer. Nur für gehfreudige Kinder geeignet.
Kinderfahrrad:	Nein.

Anfahrt: Von Innsbruck über die L11 (Völser Str.), dann auf die L12 nach Götzens hinauf abbiegen. Im Dorfzentrum nach links (Richtung Mutters) auf die L304, am Dorfende unmittelbar hinter der Brücke wieder rechts hinauf (ausgeschildert Götzner Bergbahnen). AP ist der Liftparkplatz der Bergbahnen (im Sommer außer Betrieb). (Navi: Neu-Götzner-Straße 36, 6091 Götzens)
Öffis: Möglich: Linie 4162 fährt vom Innsbrucker Hauptbahnhof in ca. 20 min nach Götzens (Dorfplatz). Von hier umsteigen (Linie 4168) oder ca. 1,2 km entlang der Neu-Götzner Straße zum AP.
Ausgangspunkt/P: AP ist der Liftparkplatz der Götzner Bergbahnen.
Infos/Gaststätten: *Natterer See (Campingplatz mit Restaurant, Pizzeria und Take Away sowie Schwimmbad ("Aquapark") mit zahlreichen Attraktionen, Tel. 0512-546732, www.natterersee.com.

Wegbeschreibung Götzner Panoramarunde:

Vom AP nach Osten (am der Einfahrt entgegengesetzten Ende des P) den Schildern Panoramaweg Mutters folgen. Auf der breiten Forststraße führt der Weg in ständigem Auf und Ab entlang der Waldgrenze. Nach ca. 2,2 km ist die Abzweigung „Neu-Götzens" erreicht, hier rechts halten und bald steil ca. 100 Hm aufwärts, bis der Forstweg wieder überwiegend flach weiterführt. Ab der nächsten Verzweigung den Schildern „Natterer See" folgen (nach links abwärts), kurz darauf wird die Straße gequert und dann führt der Weg sonnig wieder westwärts

Stubaier Alpen

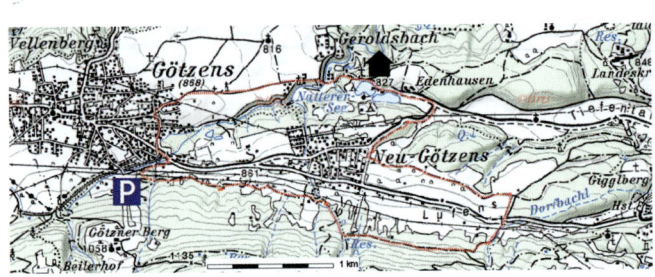

durch die Wiesen. Nach insgesamt 5 km ist der Dorfrand von Neu-Götzens erreicht, hier weiter den Schildern „Natterer See" auf der (mäßig) befahrenen Straße abwärts folgen, kurz darauf links abzweigen. Am Natterer See, vor dem Eingang des Campingplatzes kurz steil hinunter (ausgeschildert "Götzens – Einethöfe") und nach dem Ortsteil „Geroldsmühle" geradeaus auf einem Wiesenpfad ähnlich steil wieder aufwärts (die Straße rechts führt in einem Bogen ebenfalls zu den Einethöfen). Oben angelangt auf asphaltiertem Weg zunächst dem Wegweiser „Feldkapelle" (nicht Götzens!) folgen und dann entlang der Straße ins Dorf zurück. Hier bei einem Brunnen scharf links abbiegen und über den Bachweg zurück zur Neugötzner Straße. Hinter der Brücke wieder rechts abbiegen und in wenigen Minuten hinauf zum AP.

Stubaier Alpen

28. Innsbrucker Almenweg
Mutterer Alm (1608 m), Kreither Alm (1492 m)

Lange, aber wenig schwierige Rundwanderung mit herrlicher Aussicht über Innsbruck und das Inntal bis zum Kaisergebirge. Die Muttereralmbahn bringt den Kinderwagen bis auf 1600 m Höhe. Von dort gelangt man nahezu höhenparallel, später absteigend durch lichten Lärchenwald zur Raitiser und Kreither Alm. Die Rückfahrt von Kreith zum Ausgangspunkt erfolgt mit der historischen Schmalspurbahn.

Anforderung: Mittel; flacher, dann mäßig steiler Abstieg auf sehr guten, geschotterten Wald- und Forstwegen.
Dauer: RW ca. 2,5 h; 7,7 km; ca. 100 Hm.
Wetter: ☽ Besonders geeignet für heiße Tage (nordexponiert und bewaldet), aber auch im Frühjahr und Herbst (evtl. Schneelage beachten).

Stubaier Alpen

Wanderwert für Kinder:
2–3 Jahre: Wegen der Länge der Tour nur mit Buggy/Tragehilfe empfehlenswert. Riesiges kostenloses Spielplatzgelände („Abenteuerberg") nahe der Bergstation der Muttereralmbahn: Baumhäuser, Wasser- und Sandspiele, Barfußwanderweg, ... Kleines, flaches Wasserbecken („Panoramasee") mit Sitzgelegenheiten daneben zum Wasserpritscheln wenige Minuten oberhalb der Bergstation.
4–6 Jahre: Siehe 2–3 Jahre.
Kinderfahrrad: Nicht geeignet.

Anfahrt: Von der A13 Brennerautobahn bei „Innsbruck Süd" abfahren, den Schildern nach Mutters folgen. In Mutters der Hauptstraße folgen bis zur Kirche – hier zunächst rechts auf die Dorfstraße in Richtung Götzens abbiegen, nach ca. 150 m nach links steil aufwärts (Nockhofweg) dem Schild Muttereralmbahn folgen. Nach ca. 1 km ist der Parkplatz der Muttereralmbahn erreicht (kostenlos für Liftbenützer, sonst 7 €).
(Navi: Nockhofweg 39, 6162 Mutters)
Öffis: Mit der Stubaitalbahn ab Innsbruck bis zur Hst. „Nockhofweg/Muttereralmbahn"; von dort ca. 650 m auf steiler Asphaltstraße zur Talstation der Muttereralmbahn.
Ausgangspunkt/P: Bergstation der Muttereralmbahn auf 1600 m Höhe.
Infos/Gaststätten: *Muttereralmbahn, Nockhofweg 40, 6162 Mutters, Tel. 0512-548330, www.muttereralm.info, Ruhetag Mo. *Mutterer Alm, mit Sonnenterrasse und Spielplatz, Tel. 0512-548330, Ruhetag Mo. *Kreither Alm, Jausenstation mit Sonnenterrasse, Tel. 0677-61666018, nur Sommerbetrieb.

Wegbeschreibung Innsbrucker Almweg:
Von der Bergstation ist der Weg zur Raitiser Alm ausgeschildert („Almenweg"). Die urige, nicht bewirtschaftete Alm ist in 45 min zu erreichen. Von dort führt unterhalb des Almgebäudes, wieder beschildert, der Weg weiter zur Kreither Alm (30 min, kurzer Anstieg am Schluss). Für den Abstieg den Aufstiegsweg ca. 7 min zurückgehen, dann den Schildern „Kreith" abwärts auf dem Forstweg folgen.
Am Ortsrand von Kreith der nun asphaltierten Straße weiter abwärts

Stubaier Alpen

folgen, nach ca. 5 min ist die Haltestelle der Stubaitalbahn erreicht. Im Halbstundentakt fährt die Bahn bis zur Haltestelle „Nockhofweg/Muttereralmbahn"; von dort ca. 650 m die Straße aufwärts zum AP.

Variante für Ambitionierte: Statt mit der Bahn bis zur Muttereralm zu fahren, ist auch der Aufstieg über den Forstweg (2,5 h, 750 Hm) bestens kinderwagengeeignet. Dafür der zum Parkplatz führenden Straße immer weiter aufwärts folgen (ausgeschildert „Muttereralm").

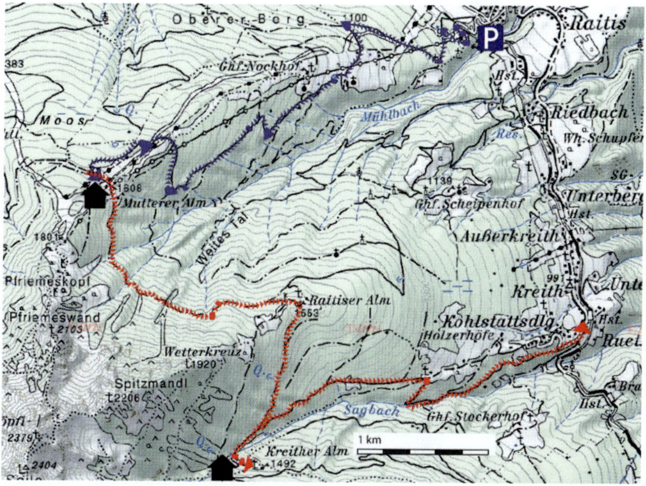

Stubaier Alpen

29. Telfer Wiesen

Die Lärchenwälder der Telfer Wiesen rahmen das atemberaubende Panorama, das im Verlauf des Weges von der Innsbrucker Nordkette über Patscherkofel und Serles, den Altar Tirols, bis hin zu den eisbedeckten Dreitausendern rund um das Zuckerhütl wechselt. Besonders im Frühjahr, wenn die Blumenwiesen mit den Schneegipfeln kontrastieren, oder im Herbst, wenn sich die Lärchen verfärben, ist dieser Weg ein wahrer Augenschmaus.

Für Kinder interessant ist die historische Stubaitalbahn (heute meist mit Straßenbahngarnituren unterwegs), die für den Rückweg von Telfes nach Kreith benützt wird.

Stubaier Alpen

Anforderung:	Mittel; wenige kurze, steile Steigungen auf feinschottrigem Weg, sonst mäßig ansteigend bzw. flach.
Dauer:	1 h 45 min; 5,5 km eine Strecke; ca. 150 Hm.
Wetter:	☾ Klass. Wanderwetter. Bei unsicherer Wetterlage bietet die parallel laufende Bahnlinie Verkürzungsmöglichkeit. Nach längeren Regenperioden gatschige Passagen.

Wanderwert für Kinder:
- **2–3 Jahre:** Für Kleinkinder eignet sich der flache Abschnitt im zweiten Teil der Wanderung besonders. Hier findet sich auch eine ideale Plantschgelegenheit (seichter Bach, zu einem kleinen, kiesgefüllten Becken verbreitert mit Sitzbank daneben).
- **4–6 Jahre:** Mit der Stubaitalbahnfahrt als Motivationshilfe gut geeignet.
- **Kinderfahrrad:** Nein.

Anfahrt: Von Innsbruck auf die Brennerbundesstr. (B182), dort am Kreisverkehr bei der Autobahnausfahrt Innsbruck Süd nach Mutters hinauf (L227). Im Ortszentrum den Schildern nach Kreith (links abbiegen) folgen. Immer geradeaus weiter, bis ca. 600 m nach dem Kreuzen der Gleise in Außerkreith rechts beim Feuerwehrhaus geparkt werden kann (Achtung, Ausfahrt freihalten!). Schräg gegenüber befindet sich die Haltestelle Kreith. (Navi: Kreith 40, 6162 Kreith)
Öffis: Ideal: Von Innsbruck Hbf. in ca. 45 min direkt mit der Stubaitalbahn bis Mutters Kreith.
Ausgangspunkt/P: AP ist beim Feuerwehrhaus in Kreith.
Infos/Gaststätten: Z.Z. kein geöffneter Gasthof an der Strecke.

Stubaier Alpen

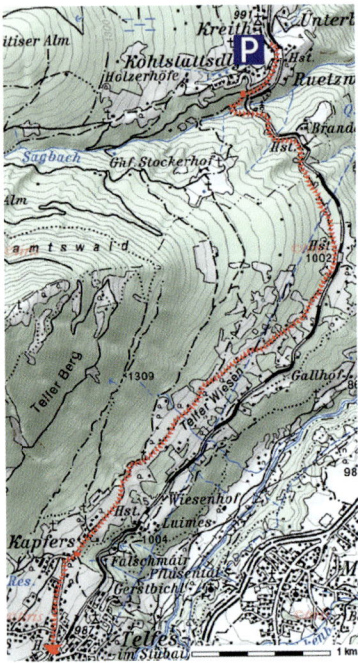

Wegbeschreibung Telfer Wiesen:

Vom AP aus der asphaltierten Straße weiter folgen. Nach einer kurzen Steigung biegt nach links hinunter der ausgeschilderte Weg zu den Telfer Wiesen. Entlang der Bahnlinie und unter dem Viadukt durch führt die Strecke im Wald abwechselnd ansteigend und abfallend bis zur Haltestelle „Telfer Wiesen" (2 km, ca. 45 min). Ab hier beginnt eine etwas längere, mäßige Steigung (1,2 km), bis der Weg flach bis zum Ortsrand von Telfes/Kapfers verläuft. Von hier der Dorfstraße noch ca. 900 m hinunter bis zum Bahnhof folgen.

Rückfahrt mit der Stubaitalbahn bis zur Haltestelle Kreith oder am selben Weg zurück.

Stubaier Alpen

30. Falbesoner Au

Von den Stubaiern liebevoll „Klaus Äuele" genannt ist das Erholungsgebiet Falbesoner Au ein lohnenswertes und an Wochenenden überaus beliebtes Ausflugsziel für Kinder jeden Alters. Vom kräftigen Gletscherbach wurden hier mehrere milchig-weiße Seen gefüllt, in deren eiskaltem Wasser im Sommer sogar gebadet wird. Am Ufer lockt der „Kid's Park Klaus Äuele" und die schattenspendenden Bäume laden zum Lagern, ja sogar zum Grillen ein (Grill bitte mitbringen).
Der Rundweg führt vom Ortsteil Volderau waldig, später entlang der Viehweiden bis zur Doadler Alm; am Rückweg der Runde bietet sich der Abstecher zum Freizeitgelände der Falbesoner Au an.
Im Winter führt die Langlaufloipe meist parallel zur Strecke; der Winterweg ist mit Kinderwagen allerdings oft schwierig zu begehen.

Stubaier Alpen

Anforderung:	Leicht; anfangs eine kurze Steigung auf breitem Forstweg, dann überwiegend flach auf gutem Schotter- bzw. Wiesenweg, dann abwärts auf Asphalt. Geländegängiger Kinderwagen sinnvoll. Nur mit Buggy ist der letzte Abschnitt vom P bis zur Falbesoner Au über die asphaltierte alte Straße empfehlenswert.
Dauer:	RW 2 h; 6,5 km; ca. 100 Hm.
Wetter:	☽ Für jedes Wetter geeignet, bei Regen matschig im ersten Abschnitt. Schattig v.a. zu Beginn im Wald.

Wanderwert für Kinder:

2–3 Jahre:	Vom AP bis zur Doadler Alm (kleiner Spielplatz) immer wieder kleine Bäche am linken Wegrand, allerdings oft matschig. Weidevieh am Weg bei der Alm. Klass. Spielplatz sowie großer „Kid's Park Klaus Äuele" in der Falbesoner Au.
4–6 Jahre:	Der „Kid's Park Klaus Äuele " ist außergewöhnlich spannend, auch noch für über 6-jährige Kinder. Für noch ältere gibt es den Hochseilgarten (nach Voranmeldung).
Kinderfahrrad:	Nein.

Anfahrt: Von Innsbruck über die A13 Brennerautobahn (Maut) bis zur Ausfahrt „Schönberg", der Bundesstraße B183 ca. 17 km taleinwärts bis zum kleinen Ortsteil Volderau der Gemeinde Neustift. Hier gegenüber der Brücke links abbiegen und unmittelbar danach parken nahe der Jausenstation Volderauhof (jedoch nicht am P der Gaststätte). (Navi: Volderau 7, 6167 Neustift).

Öffis: In ca. 1 h mit dem Stubaitalbus ohne Umsteigen von Innsbruck Hauptbahnhof bis zur Haltestelle Neustift Volderau.

Ausgangspunkt/P: AP ist bei der Jausenstation Volderauhof.

Infos/Gaststätten: *Doadleralm (auch direkt mit dem Auto erreichbar), Sonnenterrasse u. kl. Spielplatz, Tel. 05226-2033, www.doadlerhof.at/doadleralm. *Volderauhof, uriges, 600 Jahre altes Gasthaus direkt beim AP, Tel. 05226-2617, www.gasthaus-volderauhof.at, Mo Ruhetag. *Hochseilgarten des Bergführerbüros Stubai Alpin, Führung nach Anmeldung, Tel. 05226-3461, www.stubai-alpin.com.

Stubaier Alpen

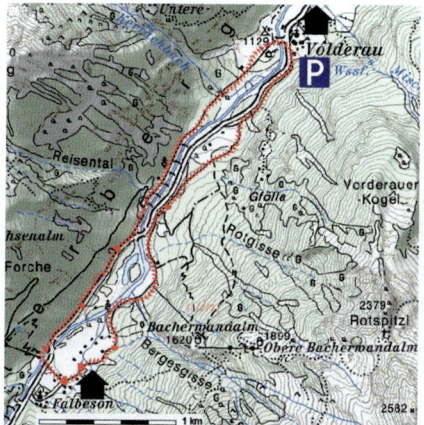

Wegbeschreibung Falbesoner Au:
Vom AP taleinwärts den Forstweg parallel zur Bundesstraße nehmen (ausgeschildert). Nach ca. 700 m beginnt die einzige, nennenswerte Steigung der Runde, nach ca. 1,8 km ist der Beginn der Falbesoner Au erreicht. Die Brücke der Bundesstr. bietet hier die Möglichkeit, direkt ins Erholungsgebiet abzukürzen oder, ebenfalls verkürzend, über die asphaltierte alte Straße zum AP zurückzukehren. Der Rundweg führt weiter geradeaus am Rand der Au und entlang von Wiesen bis zur Doadler Alm (3,3 km), von dort die Bundes-

str. queren und über die Brücke zum derzeit geschlossenen Waldcafe. Ab hier talauswärts: Wenige Meter entlang der Bundesstr., dann links unterhalb am Wiesenweg bis zur obengenannten Brücke. Bei dieser entweder (die Straße querend) zum Spiel- und Lagerplatz oder gleich geradeaus auf der alten Straße bis zum AP.

Stubaier Alpen

31. Bärenbad–Sedugg (ca. 1475 m)

Sonnige, mäßig steile Talwanderung in einem urigen Seitental (Oberberg) des Stubaitales. Am Wegrand liegen zahlreiche typische Bergbauernhöfe in weitgehend ursprünglichem Zustand, die vor dem Bau der Straße auf der gegenüberliegenden Talseite durch diesen Karrenweg erschlossen wurden. Eindrucksvoller Blick auf die im Talschluss befindlichen Dreitausender des Stubaitales.

Anforderung: Mittel; überwiegend mäßig steil mit einzelnen steilen und holprigen Passagen (Wurzeln, Steine); Schotter- und Waldweg, kurz Asphalt. Bächlein mit schmalem Brett zu queren – bei normalem Wasserstand ist auch mit Kinderwagen das Durchqueren ohne Brücke kein

Stubaier Alpen

	Problem.
Dauer:	Ca. 1,5 h Aufstieg, 1 h Abstieg; 4 km eine Strecke; 300 Hm.
Wetter:	○ Klass. Wanderwetter, kaum Schatten, insbes. im Frühjahr und Herbst empfehlenswert, da sonnseitig und trotz Höhenlage bald schneefrei.

Wanderwert für Kinder:
2–3 Jahre: Nur mit Trage oder Kinderwagen für Konditionseinbrüche empfehlenswert. Kleinere Bäche kreuzen den am Hang verlaufenden Weg, je nach Wasserstand auch zum Spielen geeignet.
4–6 Jahre: Siehe u. 2–3 J.; nur für gehfreudige Kinder geeignet.
Kinderfahrrad: Nein.

Anfahrt: Die A13 Brennerautobahn bei der Ausfahrt „Schönberg" verlassen und den Schildern Neustift folgend das Stubai taleinwärts fahren. Die ersten beiden Fraktionen Kampl und Neder der Gemeinde Neustift auf der Bundesstraße durchfahren. In Neustift Dorf am ersten Kreisverkehr rechts hinauf (Richtung Milders). Im Ortsteil Milders, unmittelbar vor dem Hotel Holzknecht, rechts hinauf abbiegend den Schildern Bärenbad folgen. Auf schmaler Straße ca. 1,5 km aufwärts fahren, bevor die Straße die Brücke quert, links der Straße parken.
Öffis: Nein.
Ausgangspunkt/P: Parkplatz (1175 m)
Infos/Gaststätten: *Ghf. Alpenfrieden, Tel. 05226-2294, geöff. von Mitte Juni bis Anfang November. *Ghf. Bärenbad, Tel. 05226-2291, geöff. ganzj.

Stubaier Alpen

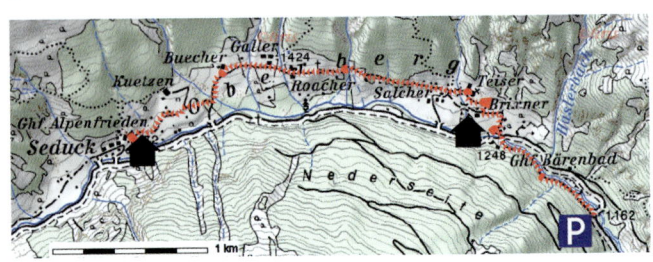

Wegbeschreibung Bärenbad–Sedugg:
Vom Parkplatz aus dem geschotterten Fahrweg talaufwärts folgen, ohne den Bach zu überqueren. Nach ca. 750 m ist die kleine Siedlung Bärenbad (Gasthof) erreicht. Hier über die Brücke und dann links auf der Asphaltstraße den Wegweisern Sedugg (Seduck) folgen. Nach den letzten Häusern wird die Straße zum Wiesenweg, der gut beschildert den Hang entlang bis zum Gasthof Alpenfrieden (1475 m) führt. Der Rückweg erfolgt auf derselben Route.

Stubaier Alpen

32. Franz-Senn-Weg

Der kurze, abwechslungsreiche Gedenkweg an den Neustifter „Gletscherpfarrer" und Mitbegründer des Alpenvereins Franz Senn überzeugt, nachdem der schwierige und mühsame erste Anstiegskilometer geschafft ist, mit einer idyllischen, höhenparallelen Passage durch lichten, blaubeerbewachsenen Fichtenwald und schließlich dem flachen Rückweg entlang des gletschermilchigen Ruetzbaches. Wer der ständigen Forststraßenschieberei mit dem Kinderwagen überdrüssig ist, keine Angst vor schmaleren Wegen im steilen Gelände und ein bisschen Kraft übrig hat, wird hier seine Freude haben.

Anforderung: Mittel/Schwierig; der kurze Aufstieg im Wald auf steilem, schmalem, teils holprigem Pfad erfordert etwas Übung und Kraft. Danach sanft absteigend weiter auf schmalem, fein präpariertem Waldweg, später flach auf breitem, feinem Kiesweg.
Dauer: RW 1 h 30 min; 5 km; ca. 100 Hm.
Wetter: ☽ Klass. Wanderwetter. Schatten ausschließlich im 1. Abschnitt.

Stubaier Alpen

Wanderwert für Kinder:
2–3 Jahre: Sowohl der höhenparallele Waldpfad (teils abschüssig, Sicherungsstrickerl empfehlenswert) als auch der Rückweg am Bach eignen sich; der Anstieg jedoch eher mit Trage/Kinderwagen (geländetauglich!). Netter Spielplatz nach ca. 3,7 km nahe dem Bach.
4–6 Jahre: Je nach Wanderfreude durchaus machbar. Ein anschließender Besuch im Neustifter Schwimmbad kann zur Motivation genutzt werden.
Kinderfahrrad: Nein.

Anfahrt: Von Innsbruck über die A13 Brennerautobahn (Maut) bis zur Ausfahrt „Schönberg", der Bundesstraße B183 taleinwärts bis Neustift. Unmittelbar vor der Kirche links auf der Vorrangstraße weiter und beim Kreisverkehr leicht rechts auf den großen P des Freizeitzentrums. (Navi: Stubaitalstr. 110, 6167 Neustift)
Öffis: In ca. 45 min mit dem Stubaitalbus ohne Umsteigen von Innsbruck Hauptbahnhof bis zur Haltestelle Neustift Freizeitzentrum.
Ausgangspunkt/P: AP ist der große P direkt beim Freizeitzentrum Neustift.
Infos/Gaststätten: *Hotel Rosengarten mit Terrassencafe, kurze, beschilderte Abzweigung direkt hinter dem Spielplatz am Weg, Tel. 05226-2325, www.hotel-rosengarten.com. *Cafe Ingentis mit kleinem Spielplatz, Tel. 05226-30032, Mo u. Di Ruhetag. *Schwimmbad Neustift, ganzjährig geöff. Hallenbad mit Freibecken und Rutsche, Tel. 05226-2722, www.freizeitzentrum-neustift-stubaital.at.

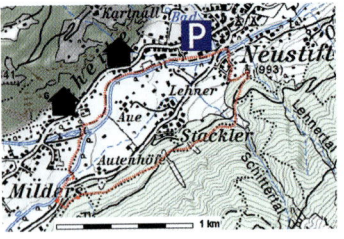

Wegbeschreibung Franz-Senn-Weg:

Vom AP aus entlang der Stubaitalstr. ca. 100 m zurück bis rechts eine kleine Brücke über den Bach führt. Ab hier ist der Franz-Senn-Weg bestens ausgeschildert. Durch den Ortsteil Lehner hinauf bis zum Wald-

rand, hier beginnt die schwierige Passage steil empor durch den Wald. Ab dem Franz-Senn-Denkmal wieder einfach zunächst kurz absteigend auf breitem Weg, dann oberhalb des Forstweges auf schmalem Pfad. Nach sanftem Abstieg wird wieder am Talboden unten die Stubaitalstr. gequert. Entlang der Ruetz zurück zum AP.

33. Pfurtschell–Kaserstattalm (1900 m)

Diese sportlich anspruchsvolle Tour im Zentrum der Stubaier Alpen besticht durch den herrlichen Rundblick auf die Dreitausender der Umgebung, den man oberhalb der Waldgrenze genießt. Die steilen, mit Bächen durchzogenen Weiden unterhalb der Alm kontrastieren mit den schroffen Kalkfelsen der darüber liegenden Gipfelregion. Wer überschüssige Energie loszuwerden hat und sich (mal wieder) in einer alpinen Umgebung aufhalten möchte, kommt hier ganz auf seine Kosten – es gibt nämlich auch umfangreiche Erweiterungsmöglichkeiten (insgesamt sind 1200 Hm! möglich).

Stubaier Alpen

Anforderung: Schwierig; steiler, gut geschotterter Forstweg.
Dauer: 2 h Aufstieg, 1,5 h Abstieg;
6 km eine Strecke; ca. 600 Hm.
Wetter: ◐ Klass. Wanderwetter; im unteren Teil überwiegend schattig, oberhalb der Waldgrenze sonnenexponiert.

Wanderwert für Kinder:
2–3 Jahre: Weniger geeignet, da weit und steil und wenig Kinderattraktionen am Wegrand.
4–6 Jahre: Siehe 2–3 Jahre.
Kinderfahrrad: Nein.

Anfahrt: Von der A13 Brennerautobahn bei der Ausfahrt „Schönberg" abfahren und der B183 taleinwärts bis zum Ortsteil Neder der Gemeinde Neustift folgen. Direkt hinter der Brücke rechts abbiegen und gleich wieder links steil aufwärts einer schmalen Straße in Richtung „Pfurtschell" folgen, die sich kurvig den Hang hinaufschlängelt. Ca. 2,7 km und fast 300 Hm nach dem Abzweigung von der Stubaitalstraße findet sich rechts der Straße eine Parkmöglichkeit für ca. 6 Pkw. (Navi: Pfurtschell 1, 6167 Neustift)
Öffis: Nicht geeignet.
Ausgangspunkt/P: AP ist der Parkplatz rechts der Straße unterhalb der Pfurtschellhöfe.
Infos/Gaststätten: *Kaserstattalm, Panoramaterrasse, Tel. 0664-1807557, geöffnet im Juni (Fr-So), ab Juli tägl. bis Anfang Oktober.

Wegbeschreibung Pfurtschell–Kaserstattalm:

Vom P aus der Asphaltstraße ca. 300 m aufwärts folgen bis zu den deutlich sichtbaren Pfurtschellhöfen. Von dort führt ein ausgeschilderter Forstweg (Kaserstattalm) bergauf. An der ersten Verzweigung geradeaus weitergehen und zunächst sehr steil, dann etwas flacher in Serpentinen durch den Wald hinauf. Nach ca. 300 Hm wird der Wald lichter und ermöglicht immer wieder Blicke steil hinunter ins Stubaital und auf gegenüberliegende Gipfel. Nach der letzten Kehre (ca. 1830 m) quert der Weg etwas weniger steil die Wiesen, bis kurz unter

Stubaier Alpen

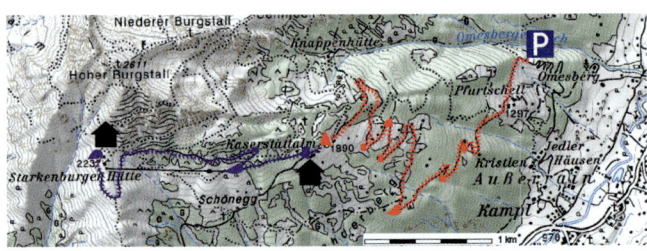

halb der heute bewirtschafteten, neugebauten Alm zunächst die alte, nicht mehr genutzte Kaserstattalm auftaucht.

Diese Tour bietet viele Möglichkeiten der Erweiterung für Konditionsstarke: Von der Kaserstattalm führt der gute Forstweg noch einmal ca. 300 Hm aufwärts zur Starkenburger Hütte (2229 m, ÖAV, bewirtschaftet).

Und natürlich kann man auch vom Talort Neder direkt über den oben beschriebenen Anfahrtsweg zu Fuß bereits zum AP unterhalb der Pfurtschellhöfe aufsteigen und damit nochmals ca. 300 Hm mehr bewältigen. Für den Winter eignet sich dieses unterste Teilstück bis zu den Pfurtschellhöfen besonders, da es meistens gut geräumt, aber nur sehr wenig befahren ist.

Stubaier Alpen

34. Stubaier Sonnseite

In dem sonst ziemlich touristischen Stubaital führt diese flache Wanderung abseits von Hotelburgen und der stark befahrenen Bundesstraße über die sonnigen Wiesen von Fulpmes bis zum Naherholungsgebiet Kampler See mit großem Kinderspielplatz. Die Wanderung kann von beiden Seiten begangen werden (evtl. Sonnenstand beachten) und bietet eine Aussicht von der Innsbrucker Nordkette bis auf die höchsten Stubaier Gipfel.

Bei der Nutzung öffentlicher Verkehrsmittel bietet sich an, diese Wanderung nur in eine Richtung zu begehen und dafür die Fahrt mit der historischen Stubaitalbahn von Innsbruck zu genießen.

Anforderung:	Leicht; überwiegend asphaltierter, breiter Fahrweg mit nur geringen Steigungen, lediglich die ersten 1000 m fein geschotterter Forstweg.
Dauer:	1 h 15 min; 4 km je Strecke; ca. 50 Hm.
Wetter:	○ Für jedes Wetter geeignet, ideal jedoch an kühleren Tagen (Schatten nur auf den ersten 600 m der Strecke). Auch für den Winter gut geeignet (außer direkt nach heftigen Neuschneefällen).

Stubaier Alpen

> **Wanderwert für Kinder:**
> 2–3 Jahre: Spielplatz beim Ghf. Gröbenhof; Plantschmöglichkeit und Spielplatz am Kampler See, im Winter bei geeigneter Witterung auch Eislauf möglich.
> 4–6 Jahre: S.o. Evtl. mit Fahrrad attraktiv.
> Kinderfahrrad: Gut geeignet, siehe Anforderung.

Anfahrt: Von der (mautpflichtigen) A13 Brennerautobahn bei der Ausfahrt „Schönberg" abfahren, geradeaus weiter auf der Stubaitalbundesstraße B183 taleinwärts. Nach ca. 3,5 km rechts abbiegen (ausgeschildert „Telfes", L337). Bei der nächsten Abzweigung links Richtung Fulpmes – immer den Schildern des Skizentrums „Schlick 2000" folgen bis zur Talstation der Liftanlagen. Im Sommer findet man meist oben Parkplätze, sonst die weiter unten gelegenen verwenden. (Navi: Tschaffinis-Umgebung 26, 6166 Fulpmes)

Öffis: Dadurch Wegverlängerung um 1 km (ca. 15 Min.) und 50 Hm: Von Innsbruck Hbf. stündlich mit der Stubaitalbahn bis zur Endstation „Fulpmes Bahnhof" (ca. 60 min), von dort entlang des oben beschriebenen Anfahrtsweges in gut 1 km zum AP. Zurück: Vom Kampler See (Haltestelle „Bichl") etwa halbstündlich nach Innsbruck Hbf. in ca. 45 min.
Ausgangspunkt/P: AP ist der P der Talstation der Skilifte „Schlick 2000".
Infos/Gaststätten: *Gasthof Gröbenhof, Sonnenterrasse und Kinderspielplatz, Tel. 05225-62442, www.groebenhof.at. *Seestüberl am Kampler See, beim Kinderspielplatz, Tel. 0664-8465132, Mo Ruhetag (ausgen. Sommerferien), http://seestuberl-kampler-see.webnode.at/. *Hotel Rastbichlhof, Sonnenterrasse, Tel. 05226-2373, www.rastbichlhof.at.

Stubaier Alpen

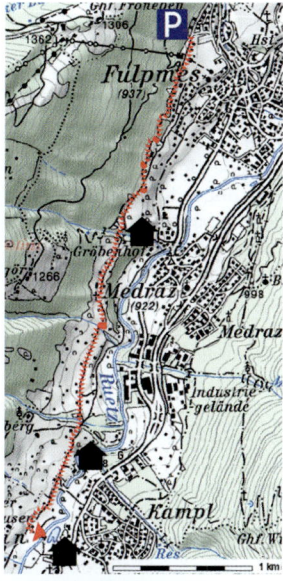

Wegbeschreibung Stubaier Sonnseite:

Vom AP aus führt der Weg unterhalb der Talstation des Skiliftes „Schlick 2000" durch und dann weitgehend höhenparallel durch den Wald taleinwärts. An Verzweigungen stets den gelben Wanderschildern „Gröbenhof", später „Kampl" folgen. Nach ca. 1 km (15 min) ist der vom Ortszentrum Fulpmes heraufführende Weg erreicht, von nun an geht's auf asphaltierter Straße weiter. Gleich hinter der Brücke liegt der Gröbenhof (nach insgesamt 1,6 km, 25 min). Von hier über sonnige Wiesen immer geradeaus liegt nach insgesamt 3,3 km (1 h 10 min) der Rastbichlhof gut sichtbar links unterhalb des Weges. Weiter geradeaus nun dem Schild „Landschaftssee" folgend, ist nach weiteren 600 m (ca. 7 min) die Abzweigung zum Kampler See zu sehen, der links über eine schmale Brücke erreicht wird.

Der Rückweg erfolgt auf demselben Weg oder wie oben beschrieben mit öffentlichen Verkehrsmitteln.

35. Laponesalm (1472 m)

Die Laponesalm ist wegen des einfachen Zugangs der Klassiker schlechthin unter den Almenwanderungen für Kinderwägen in der Region. An schönen Wochenenden trifft man hier verschiedenste Gefährte vom Buggy über Fahrradanhänger bis zum Zwillingswagen, die oft im Großfamilienverband aufwärts geschoben werden. Obwohl der Weg über die Laponesalm auch Zugang zu ernsthaften alpinen Touren im hinteren Gschnitztal bietet, führt dieses unterste Teilstück entlang von Weidewiesen nur sanft ansteigend bis in den Talschluss.

Besonders Ambitionierten bietet sich die Möglichkeit, im Talschluss weitere 300 Hm über eine geschotterte Straße hinauf zu einem phantastischen Aussichtspunkt zu schieben (siehe Foto).

Anforderung:	Leicht; mäßige Steigung auf durchgehend asphaltierter Strecke. Einzelne Viehsperren können meist umfahren werden.
Dauer:	☾ 1 h Aufstieg, 45 min Abstieg; 3 km eine Strecke; ca. 200 Hm.
Wetter:	Klass. Wanderwetter; aufgrund der Höhenlage auch an heißen Tagen erträglich.

Stubaier Alpen

Wanderwert für Kinder:	
2–3 Jahre:	Entlang der Strecke kreuzen gelegentlich kleine Bäche, die seichte Stellen zum Pritscheln bieten (z.B. nach ca. 2 km/ 40 min der Wegstrecke). Spielplatz mit Hüpfburg bei der Laponesalm.
4–6 Jahre:	Direkt am AP befindet sich das Mühlendorf, das Einblick in die Lebens- und Arbeitsweise der Menschen vor etwa 100 Jahren gibt. Hier wird nicht nur das Getreidemahlen, sondern auch die Schmiedekunst u.v.m. anschaulich erklärt. Im Eintrittspreis enthalten auch ein Kinderspielplatz mit Wasserspielen.
Kinderfahrrad:	Nein.

Anfahrt: Von der A13 Brennerautobahn bei der Ausfahrt „Matrei" abfahren, der B182 nach rechts den Schildern „Steinach" folgen. In Steinach, kurz nach dem Ortseingang rechts abbiegen (Schilder „Trins, Gschnitz"). Nun etwa 13 km taleinwärts bis zum Ende der Fahrstraße beim Gasthof Feuerstein. Großer, gebührenpflichtiger Parkplatz. (Navi: Gschnitz 52, 6150 Steinach am Brenner)
Öffis: Möglich. Von Innsbruck Hauptbahnhof mit dem Zug nach Steinach, von dort mit Buslinie 4146 bis Gasthof Feuerstein (insgesamt ca. 1 h Fahrzeit je Richtung).
Ausgangspunkt/P: AP ist der Parkplatz hinter dem Gasthof Feuerstein (1280 m).
Infos/Gaststätten: *Laponesalm, Sonnenterrasse, Tel. 0664-1634190, www.laponesalm.at, Mai–Oktober geöffnet. *Gasthof Feuerstein, Tel. 05276-78045, www.gasthof-feuerstein.at. *Lebendes Mühlendorf, Tel. 0664-2364 917, www.muehlendorf-gschnitz.at, Mai–Okt. geöffnet.

Wegbeschreibung Laponesalm:

Vom P aus der asphaltierten Straße geradeaus am Talboden folgen. Die Laponesalm ist bestens ausgeschildert. Nach etwa 1 km quert der Weg den Bach und verläuft mäßig ansteigend durch ein kleines Waldstück. Schon bald ist wieder offenes Gelände erreicht und das schmale Asphaltband schlängelt sich etwas oberhalb des Talbodens

Stubaier Alpen

durch die Weiden, bis in einer kleinen Ansammlung von Häusern die Alm auftaucht.
Bei schönem Wetter und mit geländegängigem Kinderwagen lohnt der Weiterweg zum höchsten kinderwagentauglichen Punkt des Weges (1800 m): Hinter der Alm zunächst dem Weg folgen, der bald nicht mehr asphaltiert ist. Nach etwa 300 m links der Schotterstraße über den Bach folgen (ohne Wegweiser) und auf dieser teils sehr steil in Kehren empor bis zu einem kleinen Materialhäuschen mit Aussichtsbankerl.

Stubaier Alpen

36. Bachwiesenweg Trins

Dieser am überwiegend flachen Talboden des Gschnitztales verlaufende Wanderweg lebt vom Kontrast der eindrucksvollen Gebirgskulisse mit der sanften Wiesenlandschaft. Anders als das benachbarte Stubaital blieb das Gschnitz vom Massentourismus verschont, so dass bis heute der ursprüngliche, landwirtschaftliche Charakter noch an vielen Orten sichtbar ist.
Im Winter ist in unmittelbarer Nähe des geräumten Wanderweges eine 26 km lange (klassische) Langlaufloipe gespurt. Am Ausgangspunkt des Weges ist im Winter ein kleiner Skilift in Betrieb.

Anforderung: Leicht. Flacher, asphaltierter Fahrweg.
Dauer: 50 min; 3,2 km einfach; ca. 20 Hm.
Wetter: ○ Für jedes Wetter geeignet, da asphaltiert, besonders empfohlen jedoch bei schönem Wetter. In den Wintermonaten wenig bis gar keine Sonne, auch im Frühjahr/Herbst eher nachmittags als vormittags besonnt. Wegen der Höhenlage (ca. 1200 m) auch im Hochsommer erträglich.

Stubaier Alpen

Wanderwert für Kinder:	
2–3 Jahre:	Eher wenig. Nach ca. 1 km neben dem Weg ein Brunnen (Kneipp Armbad) neben einer Bank, der zum Pritscheln einlädt.
4–6 Jahre:	Für Fahrrad oder Inliner geeignet. Ausflugsmöglichkeit „Mühlendorf" im Gschnitztal (siehe Wanderung Laponesalm).
Kinderfahrrad:	Ja.

Anfahrt: Von der A13 Brennerautobahn bei der Ausfahrt „Matrei" abfahren, der B182 nach rechts den Schildern Steinach folgen. In Steinach, kurz nach dem Ortseingang rechts abbiegend (Schilder Trins, Gschnitz). In Trins im Ortszentrum links hinunter (Schilder Skilift) und unmittelbar vor der Brücke rechts abzweigen. Parkmöglichkeit nach ca. 150 m bei der Straßenverzweigung neben dem Gschnitzbach.
Öffis: Möglich. Von Innsbruck Hauptbahnhof mit dem Zug nach Steinach, von dort mit Buslinie 4146 bis Trins Gemeindeamt (insgesamt ca. 30 min Fahrzeit je Richtung). Von dort ca. 500 m hinunter zum AP.
Ausgangspunkt/P: AP ist die Parkmöglichkeit neben dem Gschnitzbach.
Infos/Gaststätten: *Pumafalle, Gasthaus mit Terrasse, Tel. 05275-5323, www.pumafalle.at, Mo/Di geschlossen, in der Nebensaison vorher anrufen. *Liftstüberl Trins, im Winter beheiztes Kinderspielhaus zum Aufwärmen, Tel. 0677-666391.

Wegbeschreibung Bachwiesenweg Trins:
Wenige Meter bachaufwärts vom AP den Gschnitzbach über eine kleine Fußgängerbrücke queren, danach steht man direkt vor dem Liftstüberl. Von hier über eine wenige Meter lange Steigung der asphaltierten Straße taleinwärts folgen und, je nach Jahreszeit, entlang von grünen Wiesen oder

Stubaier Alpen

einer hohen Schneedecke und zahlreichen Holzstadeln, bis nach ca. 1 km (15 min) der Wassertrog mit dem „Kneipp Armbad" erreicht ist. Von hier nochmals gut 2 km bis zum Gasthaus Pumafalle.
Wer noch nicht müde ist, kann dem Weg noch weiter talein folgen: Bald hinter der Pumafalle ist der Weg nicht mehr asphaltiert, jedoch problemlos befahrbar. Ein versperrtes Gatter nach etwa 600 m lässt normale Kinderwagen passieren, ist für Zwillingswägen jedoch zu schmal (ca. 75 cm Durchlass). Hinter diesem Gatter führt der Weg zunächst kurz bergauf, bald aber wieder flach durch den Wald bis zu einer kleinen Häusergruppe (ca. 1,8 km von der Pumafalle).
Der Rückweg erfolgt auf derselben Strecke.

37. Obernberger See (1594 m)

Der Obernberger See ist ein Juwel, das seit 1935 bereits unter Naturschutz steht und das zu Recht häufig als Postkartenmotiv Verwendung findet. Grünblaues Wasser vor dem eindrucksvollen Gipfel des Obernberger Tribulauns und die romantische Kapelle Maria am See auf der kleinen, über eine Brücke erreichbaren Insel verführen zu einer ausgiebigen Rast am Ufer.

Über die Errichtung eines Luxushotels am Seeufer, das das geschlossene alte Gasthaus ersetzen soll, wird derzeit heftig gestritten. Wer die Idylle noch ungestört erleben will, darf sich unter Umständen nicht mehr allzu viel Zeit lassen.

Wem der kurze Aufstieg zum See nicht genügt, kann vom Seeufer weiter zur Steineralm (1737 m) und bis hinauf zur Portisse (1980 m) den Kinderwagen schieben.

Stubaier Alpen

Anforderung:	Mittel; abschnittsweise steiler, gut geschotterter Fahrweg.
Dauer:	35 min; 2,1 km eine Strecke; ca. 170 Hm.
Wetter:	Klass. Wanderwetter. Im Frühjahr Schneelage beachten. Schattige Abschnitte im Aufstieg und am Seeufer.

Wanderwert für Kinder:
2–3 Jahre:	Für sehr eifrige kleine Wanderer (und geduldige Eltern) aufgrund der Kürze durchaus geeignet. Zum Baden ist der See in der Regel zu kalt (11-14°C Wassertemperatur), zum Plantschen und Steineschmeißen jedoch fein.
4–6 Jahre:	S.o.
Kinderfahrrad:	Nein.

Anfahrt: Von der A13 Brennerautobahn bei „Nößlach" abfahren und dann links nach Vinaders abzweigen. Die schmale Bergstraße mündet nach ca. 5 km auf die L231, die rechts hinauf bis zum Talende des Obernbergtales führt. Großer, gebührenpflichtiger Parkplatz beim Gasthaus Waldesruh. (Navi: Gereit 60a, 6156 Obernberg)
Öffis: Möglich: In ca. einer Stunde mit dem Zug von Innsbruck Hauptbahnhof bis Steinach, dann Umsteigen in den Bus bis direkt zum AP („Gh Waldesruh").
Ausgangspunkt/P: AP ist der gebührenpflichtige P beim Gasthof Waldesruh.
Infos/Gaststätten: *Alpengasthof Waldesruh direkt am AP mit Terrasse, Tel. 05274-87575, www.waldesruh-obernberg.net, Mo Ruhetag.

Wegbeschreibung Obernberger See:
Vom weitläufigen P aus in Richtung Süden den Schildern „Obernberger See" folgen. Auf dem breiten Fahrweg zunächst flach, später ansteigend in zwei Serpentinen bis zum

Stubaier Alpen

ehemaligen Gasthof Obernberger See direkt am Ufer. (Wer ohne Kinderwagen unterwegs ist, kann den schöneren Weg links über die Wiesen der Oberreinsalm wählen.)
Am Seeufer entlang weiter auf ebenem Fahrweg bis zur Brücke auf die Insel (Weg zur Kapelle nicht kinderwagengeeignet). Hinter der Brücke befindet sich eine von mehreren schönen Wiesen zum Lagern. Ebenfalls kurz hinter der Brücke zweigt ausgeschildert links hinauf der Weg zur Steineralm und weiter zur Portisse ab. Der Weg geradeaus führt kinderwagengeeignet bis zum Ende des Sees, der gesamte Rundweg ist jedoch nur für Fußgänger möglich.
Der Rückweg erfolgt auf derselben Strecke.

IV. Tuxer Alpen
Navis, Östliches Mittelgebirge, Schwaz

38. Naviser Almenrunde (1520 m – 1947 m)

Lange, abwechslungsreiche Rundwanderung auf guten Wegen durch den Talschluss des steilen Navistales, die oberhalb der Waldgrenze tolle Ausblicke in die Stubaier Alpen bietet. Während im Frühjahr aufgrund der Höhe noch lange der Schnee im Talkessel liegen bleibt, lockt diese Tour besonders im Herbst vor dem ersten Schneefall, wenn sich Lärchen und Laubbäume färben. Zwischen Klammalm und Polt(e)nalm ist eine Trittleiter zu überwinden, über die man den Kinderwagen nur heben kann – deswegen wird dieser Weg nur für mindestens zwei Erwachsene empfohlen. Wem die ganze Runde zu weit ist, für den lohnt es sich auch, bei der Peeralm oder am Ende des höhenparallelen Wegstückes umzukehren und auf demselben Weg wieder abzusteigen.

Anforderung:	Schwierig; anfangs (bis kurz vor der Peeralm) und vor der Klammalm mittlere Steigungen auf sehr gut geschottertem Weg zu bewältigen, dazwischen völlig flach. Abschnittsweise nur 1,5 m breit.
Dauer:	RW 4 h 30 min; 12 km; ca. 450 Hm.
Wetter:	☽ Klassisches Wanderwetter. Wegen der Höhenlage erst ab dem Frühsommer schneefrei, dafür auch im Hochsommer gut geeignet.

Tuxer Alpen

Wanderwert für Kinder:	
2–3 Jahre:	Für kleine Füße bis zur Peeralm (auf 1663 m Höhe, großer Spielplatz) empfehlenswert (siehe Skizze). Zahlreiche (meist eher steile) kleine Bäche entlang des Weges eignen sich bedingt zum Plantschen. Schattiger Brunnen mit Bank kurz vor der Poltenalm.
4–6 Jahre:	S.o.
Kinderfahrrad:	Nein.

Anfahrt: Die A13 Brennerautobahn (mautpflichtig) bei der Abfahrt „Matrei" verlassen, bei der Einmündung auf die B182 rechts abbiegen (Richtung Brenner) und nach ca. 200 m gleich wieder rechts dem Wegweiser „Navis" folgen (L228). In einer Schleife unter der B182 durch und auf derselben Straße bald steil hinauf ins Navistal. 9 km nach der Autobahnabfahrt ist die Ortschaft Navis erreicht, hier der nun deutlich schmäler werdenden Straße noch ca. 500 m am Talgrund folgen, dann links hinauf abbiegen (ausgeschildert „Parkplatz Grüner, Peeralm"). Nach ein paar Kurven an einer Verzweigung rechts halten (wieder ausgeschildert) und nochmals gut 1 km taleinwärts bis zu einem großen, gebührenpflichtigen Parkplatz. (Navi: Oberweg 10, 6145 Navis)
Öffis: Nein.
Ausgangspunkt/P: AP ist der gebührenpflichtige Parkplatz „Grüner".
Infos/Gaststätten: *Peeralm, Tel. 05278-6282, www.peeralm.at, Ruhetag Mi, geöff. bis ca. Mitte Nov., im Winter ab ca. 26.12. *Klammalm, Tel. 0664- 1617077, tägl. geöff. bis ca. Mitte Okt. *Poltenalm, Tel. 0664-7801958. *Naviser Hütte, Mo Ruhetag, Tel. 0699-10698897. Aktuelle Öffnungszeiten aller Naviser Almen unter www.wipptal.at.

Wegbeschreibung Naviser Almenrunde:
Vom P aus wenige Meter zurück auf die Straße, die in einen Forstweg übergehend gut ausgeschildert zur Peeralm hinaufführt. Ab der Peeralm wird der Weg zunächst völlig flach und führt bis zu einer Brücke in den Talgrund, von dort wiederum ansteigend und teils in Serpentinen bis zur Klammalm. Nur die breite geschotterte Straße ist kinderwagentauglich, der mit einem hölzernen Wegweiser versehene Fußweg nicht!

Tuxer Alpen

Von der Klammalm zunächst am Aufstiegsweg wieder ein Stück absteigen, bis zur 2. Abzweigung (ein kinderwagenbreiter, fein geschotterter Weg) links am Hang (ausgeschildert „Poltenalm"). Auch die erste Abzweigung unterhalb der Klammalm führt zur Poltenalm, ist jedoch als schmaler Fußsteig nicht kinderwagengeeignet. Durch lichten Lärchenwald erreicht man bald die Trittleiter, die nur durch das Heben des Kinderwagens überwunden werden kann. Nahezu höhenparallel führt der Weg weiter, bis wieder ein breiter Forstweg erreicht wird. Diesem geradeaus folgen, nach wenigen Minuten führt an einer Verzweigung ein Abstecher in 5 min hinauf zur Poltenalm (lohnend wegen der Aussicht). Der Weiterweg führt jedoch den Forstweg abwärts, vorbei an der Naviser Hütte. Vier Serpentinen unterhalb der Naviser Hütte, auf ca. 1500 m Höhe, verzweigt sich der Forstweg: Hier den oberen, etwa höhenparallel verlaufenden Weg taleinwärts wählen, der in einem Bogen über die Brücke am Talboden und dann fast ohne Gegenanstieg wieder zum AP Parkplatz „Grüner" führt.

Tuxer Alpen

39. Heiligwasser (1240 m)

Dieser kurze, aber eher steile Rundweg zur Wallfahrtskirche Heiligwasser bei Igls bietet einen herrlichen Blick auf die Nordkette und das westlich von Innsbruck gelegene Inntal. Die Nähe zur Landeshauptstadt, die gute Erreichbarkeit sowie der benachbarte Gasthof machen die Marienkirche zu einem beliebten Ausflugsziel der Innsbruckerinnen. Im Winter führt eine (gelegentlich eisige) Rodelbahn über die Fahrstraße.
Der beschriebene Rundweg beinhaltet am Schluss eine Passage von etwa 300 m, die entlang der befahrenen, wenn auch breiten Landstraße bewältigt werden muss. Alternativ dazu verläuft wenige Meter oberhalb der Straße ein schmaler Waldweg, der jedoch wegen zahlreicher Wurzeln nur bedingt kinderwagengeeignet ist.

 Tuxer Alpen

Anforderung: Mittel; steiler, asphaltierter Aufstiegsweg – etwas weniger steiler, gut geschotterter Abstiegsweg.
Dauer: RW 1 h 45 min (50 min Aufstieg); 4,5 km; ca. 250 Hm.
Wetter: ☽ Für jedes Wanderwetter geeignet. Ca. 50 % Schatten (allerdings stark jahreszeitenabhängig). Am Aufstiegsweg weniger Schatten als am Abstiegsweg.

Wanderwert für Kinder:
2–3 Jahre: Mehrere Brunnen am Aufstiegsweg: Nach ca. 20 min rechts am Weg das „Eisbergbründl", direkt beim Gasthof Heiligwasser und schließlich die namensgebende Quelle vor der Wallfahrtskirche selbst. Waldspielplatz kurz vor dem Ende des Rundweges (nach insg. 1 h 30 min, 4 km).
4–6 Jahre: Entlang des Abstiegsweges sind die nummerierten Stationen des Kreuzweges mit illustrierten Holzmarterln errichtet, damit können Geschichten erzählt, der verbleibende Abstieg „heruntergezählt" werden etc.
Kinderfahrrad: Nein.

Anfahrt: Von der A13 Brennerautobahn (mautpflichtig) bei „Patsch" abfahren und kurz hinter dem Grünwalderhof und nach der Abzweigung nach Igls rechts am Straßenrand parken. ODER: Von Innsbruck über die L33 durch Vill, dann Igls durchfahren, bis die Straße auf die alte Römerstraße (L38) mündet. Hier rechts abbiegen (Richtung Lans, Aldrans) und gleich rechts am Straßenrand parken. Am Parkplatz ist bereits mit einem großen Schild „Heiligwasser" angekündigt.
(Navi Römerstraße 1, 6082 Patsch - Grünwalderhof)
Öffis: Ideal: Ab Innsbruck Hbf. mit Linie 4141 in knapp 20 min bis zur Haltestelle „Patsch Goldbühel". Die Straße queren und über einen kleinen Feldweg am Waldrand in ca. 100 m bis zum AP.
Zurück nach Innsbruck: Der Waldweg des RW trifft in unmittelbarer Umgebung des Grünwalderhofes auf die Römerstraße nach Patsch. Die Haltestelle „Patsch Grünwalderhof" liegt ein kleines Stück Richtung Patsch direkt an dieser Straße.
Ausgangspunkt/P: AP ist der Parkplatz an der Römerstraße.

Tuxer Alpen

Infos/Gaststätten: *Gasthof Heiligwasser, Sonnenterrasse, heimische Küche, Mi Ruhetag, Tel. 0512-377171, www.heiligwasser.at. *Grünwalderhof, nahe dem AP/P, mit Aussichtsterrasse, Tel. 0512-377304, www.gruenwalderhof.at.

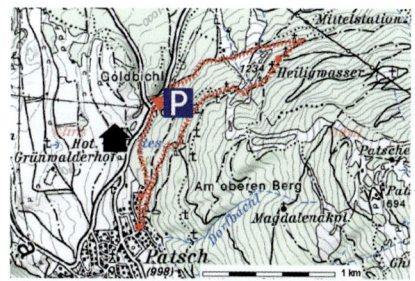

Wegbeschreibung Heiligwasser:
Vom AP aus dem schmalen, asphaltierten Sträßlein steil bergan durch den Wald folgen. Der Gasthof Heiligwasser ist stets unmissverständlich ausgeschildert. Nach ca. 20 min liegt rechts das „Eisbergbründl", ab hier folgt eine kurze waldfreie Passage (Skipiste) mit grandioser Aussicht hinunter ins Inntal, der Blick nach oben zeigt bereits die Wallfahrtskirche. Weiter durch ein Waldstück gelangt man in einer Kehre hinauf zu Gasthof und Kirche (nach insg. 50 min).

Der in weiterer Folge an allen Verzweigungen als „Rundwanderweg Heiligwasser" ausgeschilderte Forstweg führt an der Kirche vorbei und von dort wieder abfallend durch den Wald, quert wiederum die Skipiste und erreicht schließlich den Siedlungsrand von Patsch. Hier die erste Möglichkeit nach rechts nehmen (fast eine 180°- Kurve) und überwiegend höhenparallel bald wieder im Wald zurück. Wenige Minuten vor Erreichen der Römerstraße, nach insgesamt 1 h 20 min liegt links des Weges, etwas versteckt und nur an einer grünen Rutsche zu erkennen, der Waldspielplatz. Zurück zum AP entweder entlang der Straße oder über den unmittelbar darüber geführten, wurzeligen Waldweg.

 Tuxer Alpen

40. Rosengarten

Im Naturschutzgebiet Rosengarten zwischen den Dörfern Igls und Patsch findet sich eine einzigartige, alte Kulturlandschaft, die landwirtschaftlich genutzt wird. Nahezu eben führt dieser Rundweg auf eiszeitlichen Schotterterrassen durch Wiesen, Weiden und kleine Äcker und bietet dabei einen herrlichen Ausblick vom Karwendel bis zu den Stubaier Alpen.

Anforderung: Leicht; überwiegend flach; teils asphaltiert, teils fein gekiester, breiter Feldweg.
Dauer: RW 1,5 h; 5,5 km; ca. 100 Hm.
Wetter: ○ Besonders geeignet für Frühjahr und Herbst, da sehr sonnig; Winterwanderweg, d.h. bei Schneelage geräumt; bei starkem Wind (Föhn!) ungeeignet.

Tuxer Alpen

Wanderwert für Kinder:
2–3 Jahre: Spielplatz ca. 500 m ab AP; zweiter, kleiner Spielplatz etwa nach der Hälfte der Wegstrecke rechts am Weg.
4–6 Jahre: Siehe 2–3 Jahre.
Kinderfahrrad: Kleines Teilstück (bis zum ersten Spielplatz) möglich, danach wegen der Steigung und der Gesamtlänge der Runde nur für geübte Radlerinnen.

Anfahrt: Von der A12 Inntalautobahn bei „Innsbruck Mitte" abfahren, beim Kreisverkehr den Schildern nach Igls (L9) folgen. Am Dorfanfang von Igls auf das Parkhotel auf der linken Seite achten, unmittelbar dahinter ist ein (gebührenpflichtiger) Parkplatz. (Navi: Igler Straße 58, 6080 Innsbruck)
Öffis: Ab Innsbruck mit Linie J oder 4141 in 15 - 20 min ohne Umsteigen zur Haltestelle „Igls Habichtstraße" direkt gegenüber dem P.
Ausgangspunkt/P: Parkplatz an der Igler Straße.
Infos/Gaststätten: Direkt am Rundweg liegt kein Gasthof; aber am Ende des RW, ca. 100 m vor dem P rechts abbiegend in die Hilberstr. findet sich das *Café Heid, Hilberstraße 10, Tel. 0512-377310; noch einmal 150 m weiter in derselben Richtung der *Landgasthof Ägidihof, Bilgeristraße 2, Tel. 0512-377108, www.aegidihof.at.

Wegbeschreibung Rosengarten:

Vom P aus auf der Igler Straße wenige Meter zurück in Richtung Innsbruck, dann links in den Fernkreuzweg abbiegen. Bald sind die letzten Häuser erreicht und der Weg führt an Feldern entlang. Nach ca. 10 min lädt ein kleiner Park mit Bänken zum Spielen im Schatten

Tuxer Alpen

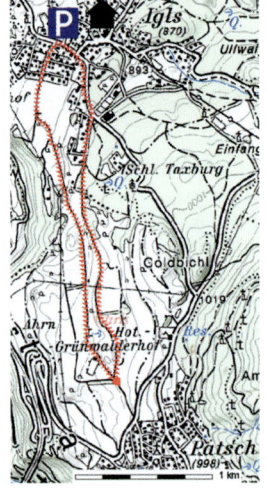

ein, hier zweigt auch ausgeschildert der Weg zum Spielplatz ab.
Die Strecke folgt nun immer den Schildern „Rundwanderweg Rosengarten"; in mehreren kleinen Steigungen bis kurz vor dem Ort Patsch. Kurz hinter dem Recyclinghof mit einer fast 180°-Abzweigung links wieder zurück in Richtung Igls wenden. Sobald das bebaute Gebiet von Igls wieder erreicht wird, dem Gletscherblickweg folgen und schließlich an der Patscher Straße (L33) links abbiegend am Gehweg hinunter bis zum AP.

41. Rund um den Lanser See

Kurze, leichte Rundwanderung mit wenig Höhenunterschied im Innsbrucker Naherholungsgebiet um den Lanser See und das Lanser Moor. Im Sommer lockt die Bademöglichkeit im See.

Anforderung: Mittel; flach; Asphalt- und Waldwege, mehrere wurzelige Abschnitte, Abstecher auf den Lanser Kopf beinhaltet Steigung.
Dauer: RW ca. 1,5 h; 5 km; 100 Hm.
Wetter: ◐ Besonders geeignet für heiße Sommertage (Bademöglichkeit). Dichter Wald auf längeren Abschnitten der Strecke (ca. 60 %). Nach starken Regenfällen matschige Passagen im Wald.

 Tuxer Alpen

Wanderwert für Kinder:	
2–3 Jahre:	Kleiner Spielplatz bei der Jausenstation Vogelhütte;Ademöglichkeit im See (Schwimmbad mit Kinderbecken, Schaukeln, Sandkiste mit Sonnensegel), Liegewiese, Umkleide.
4–6 Jahre:	Siehe 2–3 Jahre. Im Schwimmbad weiters Tretbootverleih, Sprungturm 3 m und 1 m.
Kinderfahrrad:	Mit Kinderfahrrad nur in umgekehrter Richtung möglich (siehe Skizze) - vom Parkplatz bis zum See. Waldpassage nicht befahrbar.

Anfahrt: A12 Inntalautobahn Ausfahrt „Innsbruck Mitte", von dort den Schildern Aldrans, Lans folgen. In Lans weiter in Richtung Igls – am Dorfrand von Lans beim Gasthof Walzl rechts abbiegen. Dort ist ein großer, gebührenpflichtiger Parkplatz.
(Navi: Dorfstraße 56, 6072 Lans)
Öffis: Problemlos: Straßenbahnlinie 6 bis zur Haltestelle „Lans-Sistrans"
Ausgangspunkt/P: Parkplatz oder Haltestelle „Lans-Sistrans" der Straßenbahn 6.
Infos/Gaststätten: *Seecafé (zugleich Eingang in das Schwimmbad), geöffnet Mai–September, Tel. 0512-377336, www.lansersee.at, kein Ruhetag.
*Jausenstation Vogelhütte mit Kinderspielplatz, Tel: 0512-379750, Ruhetag Mo.

Wegbeschreibung Lanser See:

Die Runde kann in beide Richtungen begangen werden, je nachdem, ob der Lanser See (wie beschrieben im Gegenuhrzeigersinn) oder die Jausenstation mit Spielplatz (dann im Uhrzeigersinn) eher an das Ende gesetzt werden soll (siehe Skizze).
Vom Parkplatz der asphaltierten Straße über die Felder bis zur Haltestelle „Lans-Sistrans" der Straßenbahn folgen. Geradeaus weiter entlang der Schilder „Rundwanderweg Sperberegg" gelangt man durch locker bebautes Gebiet zur Jausenstation Vogelhütte (1 km). Ab hier ist der Weg nicht mehr asphaltiert, sondern ein schmälerer Waldweg mit teils groben Wurzeln.

Tuxer Alpen

Nach ca. 40 min (gut 2 km) wird eine Kreuzung mit fünf Wegen erreicht – hier dem Wegweiser „Lanser Moor" und „Lanser Kopf" folgen. Nach wenigen Minuten, beim Naturdenkmal Seerosenweiher Lanser Moor laden zahlreiche Bänke zum Verweilen ein.

Dem Weg weiter folgend führt kurz darauf eine ausgeschilderte Abzweigung zum Lanser Kopf (Auf- und Abstieg am selben Weg). Wer die gut 50 Höhenmeter sparen will, geht gleich geradeaus weiter und erreicht bald darauf das Seecafé und Schwimmbad am Lanser See. Ab hier führt der nun wieder asphaltierte Weg zur Haltestelle „Lanser See" der Straßenbahnlinie 6. Links abzweigend, entlang der Straßenbahntrasse, führt der Weg zurück zum Ausgangspunkt.

42. Tummelplatzweg / Schloss Ambras

Direkt an der Siedlungsgrenze der Stadt findet sich diese kurze Wanderung zu einem der Wahrzeichen Innsbrucks, dem Renaissanceschloss Ambras. Am Weg liegt der Tummelplatz mit der Kaiserschützenkapelle, an dem heute ein Kriegerfriedhof zu finden ist. Im weitläufigen Park von Schloss Ambras, im englischen Gartenstil angelegt, lässt sich die Wanderung zwischen Weiher, Bacchusgrotte und Spielplatz nach Belieben verlängern, zutrauliche Fasane begeistern auch schon Kleinkinder.
Die Besichtigung des Museums im Schloss (u.a. Ritterrüstungen) ist für (Schul-)Kinder lohnend (und kostenlos).

Tuxer Alpen

Anforderung: Leicht; überwiegend flach; gut gekiester Forstweg.
Dauer: 2,5 km; 45 min eine Strecke; ca. 50 Hm.
Wetter: ◐ Für heiße Sommertage (überwiegend schattig) und Regenwetter gleichermaßen geeignet.

Wanderwert für Kinder:
2–3 Jahre: Am Tummelplatz ist ein Brunnen in „Kleinkinderhöhe", also bestens zum Plantschen geeignet; direkt daneben eine schattige Bank. Am oberen Ende des Schlossparks ist ein kleiner Spielplatz.
4–6 Jahre: Siehe 2–3 Jahre. Der Kriegerfriedhof ebenso wie das Schloss laden zum Geschichtenerzählen ein.
Kinderfahrrad: Eher nein (Steigung zu Beginn müsste geschoben werden).

Anfahrt: A12 Inntalautobahn bei „Innsbruck Mitte" abfahren, am Kreisverkehr in Richtung Igls, Patsch abzweigen. Nach ca. 500 m an der linken Straßenseite parken (gegenüber dem Schild „Jausenstation Bretterkeller").
(Navi: Viller Berg 1, 6020 Innsbruck (Jausenstation Bretterkeller))
Öffis: Zum Schloss Ambras mit Buslinie 4134 oder mit der Straßenbahn Linie 6 (Haltestelle „Schönruh").
Ausgangspunkt/P: P an der Igler Straße.
Infos/Gaststätten: *Schloss Ambras, Zweigstelle des Kunsthist. Museums Wien, Schlossstr. 20, 6020 Innsbruck, Tel. 01-525244802, www.khm.at/ambras.
*Schlosscafé im Innenhof v. Schloss Ambras.

Wegbeschreibung Tummelplatzweg / Schloss Ambras:
Vom P aus aufwärts dem Wegweiser „Tummelplatzweg/Schloss Ambras" folgen. Zunächst ansteigend wird der breite Forstweg bald flach und führt ohne Richtungsänderung gut ausgeschildert bis zum Kriegerfriedhof am Tummelplatz. Von dort weiter, schließlich die Schienen der Igler Straßenbahn querend, kurz abwärts bis zu einer

Tuxer Alpen

Straße, an deren anderer Seite der Haupteingang zum Park des Schlosses Ambras liegt. Von hier nach ca. 400 m durch den Park ist das Schloss erreicht.

Tuxer Alpen

43. Teufelsmühle

Dieser abwechslungsreiche Weg führt ohne große Steigungen durch das östliche Innsbrucker „Mittelgebirge", teils durch dichten Wald, teils über Felder und teils auch durch die sogenannte Hasenheide. Etwa auf der Hälfte der Strecke liegt die „Teufelsmühle", um die sich verschiedene Sagen ranken (zu finden bei www.sagen.at).
Am besten ist die Route mit öffentlichen Verkehrsmitteln zu erreichen, alternativ kann am Endpunkt der Wanderung mit öffentlichen Verkehrsmitteln das Auto wieder erreicht werden.

Anforderung: Mittel; überwiegend sanft absteigend, eine etwas steilere Steigung bei der Teufelsmühle; Asphalt-/Kies-/Waldweg, kurze Passage mit größeren Steinen und Wurzeln bei der Teufelsmühle.
Dauer: 1,5 h; 5 km eine Strecke; ca. 50 Hm.
Wetter: ☽ Klass. Wanderwetter. Ca. 50 % Schatten. Matschig nach Regen.

 Tuxer Alpen

Wanderwert für Kinder:
2–3 Jahre: Aufgrund der Länge nur mit Tragehilfe/Kinderwagen empfehlenswert. Einzelne Abschnitte des Weges verlaufen im steilen Wald ohne Zaun, d.h. kleine Kinder könnten abstürzen (Siehe Einleitung: Sicherung).
4–6 Jahre: Entsprechende Wanderfreude vorausgesetzt gut geeignet. Die Teufelsmühle lädt zum Geschichtenerzählen ein.
Kinderfahrrad: Nein.

Anfahrt: A12 Inntalautobahn Ausfahrt „Innsbruck Mitte", von dort den Schildern „Aldrans" folgen. Im Zentrum von Aldrans links abbiegen (Schildern „Rinn" folgen). In Rinn an der Dorfkirche links abbiegen und den Schildern „Judenstein" folgen (Kirchgasse, dann Speckbacherstraße). Am Ortsausgang von Rinn befindet sich links der Straße eine Parkbucht für mehrere Pkw. (Navi: Speckbacherstr. 30, 6074 Rinn)

Öffis: Ideal. Von Innsbruck Hauptbahnhof in gut 30 min mit Linie 4134 bis zur Haltestelle „Rinn Gspeck". Zurück von der Hst. „Aldrans Sägewerk Dollinger" wieder mit Linie 4134 in ca. 15 min zum Hauptbahnhof. Oder ebenfalls mit Linie 4134 in ca. 15 min von „Aldrans Sägewerk Dollinger" zurück nach Rinn zum P (Ausstiegshaltestelle: „Rinn Gspeck"). Von der Bushaltestelle „Rinn Gspeck" der Speckbacherstraße weiter Richtung Ortsausgang folgen, nach 150 m links der Straße die Parkbucht mit den Pkw-Abstellplätzen.
Ausgangspunkt/P: P am Ortsende von Rinn.
Infos/Gaststätten: *Jausenstation Herzsee, Tel. 0512-365796, Ruhetag Di.

Tuxer Alpen

Wegbeschreibung Teufelsmühle:

Vom AP auf dem schmalen Weg parallel zur Straße ist nach ca. 7 min der Ortsteil „Judenstein" erreicht. Hier links abbiegen, immer den Schildern „Aldrans, Teufelsmühle" folgen. Nach wenigen Häusern ist die Bebauungsgrenze erreicht, ab nun führt der Weg am Feld-Wald-Rand entlang.

Nach ca. 25 min rechts beim Wegweiser „Teufelsmühle, Herzsee" abbiegen und durch den Wald leicht absteigend bis zur Teufelsmühle gehen. Hier beginnt die einzige nennenswerte Steigung und der Weg wird deutlich schlechter. Nach wenigen Minuten wird das Bächlein gequert, bei der nächsten Abzweigung rechts halten (ausgeschildert) und die letzten Meter über Wurzeln aufwärts, bis der Waldweg wieder bequem und eben durch die Hasenheide weiterführt.
Nach insgesamt einer knappen Stunde Gehzeit wird wieder die asphaltierte Straße erreicht, hier zunächst rechts abbiegen und dann den Schildern „Herzsee" folgen. Nach einem kurzen, steilen Abstieg auf der asphaltierten Straße ist nach ca. 1 h 20 min die Jausenstation „Herzsee" am Ufer des Sees erreicht. Von hier entlang des Sees bis zur Hauptstraße von Aldrans nach Rinn, diese wenige Meter aufwärts befindet sich die Bushaltestelle „Aldrans Sägewerk Dollinger".

Tuxer Alpen

44. Judenstein

Das sogenannte Mittelgebirge Innsbrucks, eigentlich ein voreiszeitliches Talniveau des Inns, trägt diesen Namen wegen der sanften Hügel, die es kennzeichnen. Am östlichen Ende des „Mittelgebirges" führt dieser kurze und leichte Rundwanderweg durch die landwirtschaftlich geprägte Landschaft der Ortschaft Rinn und bietet dabei eine herrliche Aussicht.

Tuxer Alpen

Anforderung: Leicht; flach bis auf 1 kurze Steigung; durchgehend asphaltiert.
Dauer: RW 45 min; 2,3 km; ca. 30 Hm.
Wetter:  ☽ Klass. Wanderwetter.

Wanderwert für Kinder:	
2–3 Jahre:	Auf etwa halbem Weg liegt der Ponyhof „Sonnhof", bei dem zumeist große und kleine Pferde auf der Weide stehen. Aufgrund der Kürze auch für Kleinkinder geeignet. Bis auf eine Steigung für Dreirad und Laufrad gut geeignet – Achtung Anrainerverkehr.
4–6 Jahre:	Für Kinder in diesem Alter ist vielleicht Ponyreiten schon möglich – s. Info.
Kinderfahrrad:	Ja, wenn die einzige Steigung (ca. 5 min) geschoben wird.

Anfahrt: A12 Inntalautobahn Ausfahrt „Innsbruck Mitte", von dort den Schildern „Aldrans" folgen. Im Zentrum von Aldrans links abbiegen (Schildern „Rinn" folgen). In Rinn an der Dorfkirche links abbiegen und den Schildern „Judenstein" folgen (Kirchgasse, dann Speckbacherstraße). In Judenstein angekommen, die erste Straße nach rechts nehmen und dieser folgen bis zum großen P an der linken Seite, unmittelbar vor dem Hotel Geisler. (Navi: Judenstein 23, 6074 Rinn)
Öffis: In ca. 40 min ohne Umsteigen von Innsbruck Hauptbahnhof mit Linie 4134 bis zur Haltestelle „Rinn Gasthof Judenstein".
Ausgangspunkt/P: AP ist der P direkt vor dem Hotel Geisler.
Infos/Gaststätten: *Hotel Restaurant Geisler, sonniger Gastgarten, Tel. 05223-78146, www.geisler-tulfes.com. *Ponyreiten nach tel. Vereinbarung: Sonnhof, Tel. 05223-78743, auch Kindergeburtstage, www.reitstall-sonnhof-rinn.at.

 Tuxer Alpen

Wegbeschreibung Judenstein:
Vom P aus zunächst der Straße weiter folgen und an der rechts liegenden, kleinen Kirche vorbeigehen. Direkt hinter dem Kirchlein rechts abbiegen und dem asphaltierten Weg durch den Wald folgen. Nach knapp 10 min, bei der „Unteren Hochstraße" nach links abbiegen. Nach zwei alten Bauernhöfen führt der Weg über offenes Wiesengelände.
Beim nächsten Hof (Ponyhof „Sonnhof") im spitzen Winkel nach links abbiegen, die kurze Steigung hinauf und der Straße immer weiter folgend zurück bis zum AP.

Tuxer Alpen

45. Rinner Alm (1380 m)

Mittellange, steile Wanderung in Serpentinen überwiegend durch dichten Fichtenwald am Nordabhang des Patscher Kofels. Herrliches Panorama auf Innsbruck und die gegenüberliegende Nordkette.

Anforderung: Schwierig; steiler, geschotterter Forstweg.
Dauer: Ca. 2 h Aufstieg, 1 h Abstieg; 4 km eine Strecke; 470 Hm.
Wetter: Klass. Wanderwetter, gut geeignet auch an heißen Tagen (Schatten), im Winter Rodelbahn, mit separatem Aufstieg.

Tuxer Alpen

Wanderwert für Kinder:	
2–3 Jahre:	Nicht optimal geeignet. Teich (Biotop) ca. 15 min unterhalb der Alm mit Sitzbänken.
4–6 Jahre:	Wer ohne Kinderwagen unterwegs ist, kann am Wegkreuz den linken Weg (s.u.) wählen. Es gibt sicher interessantere Wege, aber entlang der Strecke werden immer wieder Quellen und kleine Bäche in Brunnen gefasst, die zum Spielen einladen. In ca. 1200 m Höhe erinnert ein Marterl mit Bildern an Unfälle beim Holzschlagen in vergangener Zeit.
Kinderfahrrad:	Nicht für Kinderfahrrad geeignet.

Anfahrt: A12 Inntalautobahn Ausfahrt „Innsbruck Mitte", von dort den Schildern „Aldrans" folgen. Im Zentrum von Aldrans links abbiegen (Schildern „Rinn" folgen). An der Dorfkirche von Rinn rechts hinauf (Wanderwegweiser „Rinner Alm") ca. 250 m bis zum ausgeschilderten Wanderparkplatz. (Navi: Oberdorf 16, 6074 Rinn)
Öffis: Problemlos: Linie 4134 von Innsbruck Hauptbahnhof in ca. 25 min ohne Umsteigen bis Rinn Kirchplatz.
Ausgangspunkt/P: Wanderparkplatz oberhalb Dorfkirche Rinn, 940 m Höhe.
Infos/Gaststätten: *Rinner Alm, 1380 m, Tel. 05223-78409, www.rinner-alm.com, geöff. Mitte Mai bis Mitte Okt., Mo und Di Ruhetag.

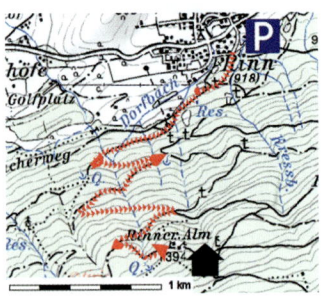

Wegbeschreibung Rinner Alm:

Vom Wanderparkplatz dem Forstweg bergauf ca. 200 m bis zu einer Verzweigung, an der ein großes Wegkreuz steht, folgen. Hier sind zwei breite Forststraßen mit „Rinner Alm", Wegnr. 45, beschildert. Die linke ist der Aufstiegsweg für Rodler im Winter und für Kinderwägen nur

Tuxer Alpen

eingeschränkt zu empfehlen, da sehr steinig. Die rechte, im Winter die Rodelbahn und daher auch mit Laternen versehen, eignet sich hervorragend für Kinderwägen.

Vorbei am Golfplatz, der rechts unterhalb liegt, windet sich der Forstweg nun in Serpentinen mit gleichmäßiger Steigung durch den Wald. Nach der letzten (von 5) Kehren liegt rechts oberhalb des Weges ein kleiner Teich mit Sitzgelegenheiten. Von dort sind es nur noch ca. 400 m bis zur Rinner Alm, die mit Sonnenterrasse und Panoramablick lockt.

Tuxer Alpen

46. Nonsalm–Lafasteralm (1785 m bzw. 1758 m)

Schon die Anfahrt zur Hausstatt ist so spektakulär, dass dafür fast Schwindelfreiheit gefordert werden sollte: Über 700 Hm schraubt sich die gut ausgebaute Straße vom Inntal empor, zum Schluss in einer immer schnelleren Abfolge von Serpentinen, bis schließlich die großzügigen Parkflächen endlich Gelegenheit bieten, den Blick hinunter zu genießen.

Das Herzstück des Almenrundweges, der Höhenweg zwischen den beiden Almen, bietet in den Baumlücken dieses Panorama aus wechselnden Blickrichtungen: Tief unten öffnet sich das Inntal erst nach Westen, später nach Osten und gegenüber präsentieren sich bekannte und weniger bekannte Gipfel des Karwendels.

Tuxer Alpen

Anforderung:	Schwer; abschnittsweise steiler, über längere Passagen auch flacher, stets gut geschotterter Forstweg, kurze Passage als breiter Wiesenweg.
Dauer:	RW 4 h 30 min; 16 km; ca. 550 Hm.
Wetter:	Klass. Wanderwetter. Bei Gewittergefahr ist der Höhenweg zu exponiert und bietet keine Schutz- oder Abstiegsmöglichkeit. Schatten v.a. am Auf- und Abstieg, weniger am Höhenweg.

Wanderwert für Kinder:	
2–3 Jahre:	Plantschgelegenheit in einem Bach mit seichtem Ufer knapp unterhalb der Lafasteralm, bei der Verzweigung zwischen Höhenweg und Abstieg zur Hausstatt. Brunnen bei beiden Almen. Am gesamten Weg, insbesondere entlang des Höhenweges wachsen Blaubeeren, die im August reif werden.
4–6 Jahre:	S.o.
Kinderfahrrad:	Nein.

Anfahrt: Von der A12 Inntalautobahn bei „Vomp" abfahren und den Schildern „Pill" folgen, dabei wird zweimal die Autobahn gequert. In Pill geradeaus bis zur B171, dann (ausgeschildert „Weerberg") erst rechts und gleich wieder links hinauf (L301). Auf dieser Straße durch den langgezogenen Ort Weerberg fahren, bis 6,5 km nach der Abzweigung in Pill links ausgeschildert die Straße zur Hausstatt hinaufführt. Auf den letzten 3,2 km in 16 Serpentinen bis zum gekennzeichneten, gebührenpflichtigen P1.
(Navi: Zallerstraße 94, 6133 Weerberg)
Öffis: Nein.
Ausgangspunkt/P: AP ist der höchste der gekennzeichneten Parkplätze, P1.
Infos/Gaststätten: *Alpengasthof Hausstatt direkt beim AP, herrliche Aussicht von der Terrasse, Tel. 05224-68344, www.hausstatt.at, Di und Mi Ruhetag. Die beiden Almen am Rundweg bieten keine Einkehrmöglichkeiten.

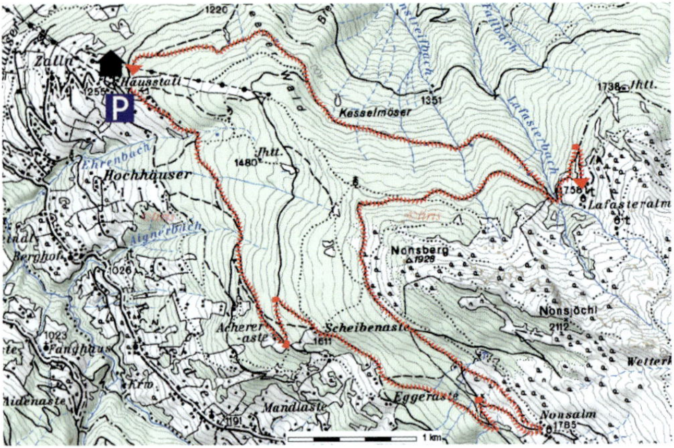

Tuxer Alpen

Wegbeschreibung Nonsalm–Lafasteralm:
Vom P1 aus der nun geschotterten Straße weiter folgen, an den letzten Häusern vorbei und bald stets ansteigend durch den Wald. Den Schildern folgend in ca. 1 h 45 min (5,5 km) bis zur Nonsalm. Hier gibt es eine schön gelegene Sitzbank beim großen Kreuz nahe der Alm. Weiter zur Lafasteralm auf dem breiten Wiesenweg oberhalb des Kreuzes vorbei; nach 15 min ist die geschotterte Forststraße erreicht. Den Schildern „Lafasteralm über Höhenweg" folgen. Nach insgesamt ca. 3 h Gehzeit (9,5 km) ist die Abzweigung zur Lafasteralm erreicht: Geradeaus führt der Weg ansteigend noch hinauf zur Alm, links hinunter geht's zurück zum AP (beides ausgeschildert).

 Tuxer Alpen

47. Schwazer Kapellenweg

Der Schwazer Kapellenweg, auch Zehn-Kapellenweg genannt, führt als Rundwanderung vom Schwazer Silberbergwerk über die Weiler und Höfe des Schwazer Berges bis direkt unter den Eiblschrofen. Manche der sorgfältig renovierten Kapellen am Wegesrand stammen aus der Blütezeit des Bergbaus, andere wurden später von den Bergbauern neben ihren Höfen errichtet. Die hier vorgeschlagene Variante führt nicht an allen zehn Kapellen vorbei und wer möglichst viele dieser Kleinode finden will, muss ganz genau rechts und links des Weges schauen, manche sind gut versteckt.

Insbesondere für etwas größere Kinder lässt sich diese Wanderung ideal mit dem Besuch des Schwazer Silberbergwerks verbinden.

Anforderung: Schwer; teils steil ansteigend auf asphaltiertem Weg, abwärts auf abschnittsweise schmalen Wald- und Schotterwegen.
Dauer: RW 2 h 30 min; 6,5 km; ca. 250 Hm.
Wetter: ◑ Klass. Wanderwetter. Nach viel Regen ist der Abstieg vom Weislhof durch den Wald ev. gatschig. Im Abstieg überwiegend schattig.

Tuxer Alpen

Wanderwert für Kinder:

2–3 Jahre:	Der höhenparallele Abschnitt zwischen Gattern und Gallzein eignet sich auch für Kleinkinder (ev. stehen Ziegen und Kühe auf den Wiesen). Unbedingt geländetauglichen Kinderwagen für den Rest des Weges mitnehmen. Brunnen (sowie viele Tiere und sehr kinderfreundliche Bauersleut') am Weislhof.
4–6 Jahre:	Nur für gehfreudige Kinder geeignet. Für den etwas mühsamen Anstieg bis Gattern über die (wenig) befahrene Straße kann vielleicht die Aussicht auf die Bergwerksbesichtigung motivieren.
Kinderfahrrad:	Nein.

Anfahrt: Von Innsbruck über die A12 Inntalautobahn bis zur Ausfahrt „Schwaz", am Kreisverkehr auf der B171 den Schildern „Jenbach" folgen. Ab hier ist das Silberbergwerk ausgeschildert. Parken auf einem der zahlreichen gekennzeichneten P des Silberbergwerks. (Navi: Alte Landstraße 3a, 6130 Schwaz)
Öffis: Möglich mit Umsteigen in Schwaz z.B. mit den Buslinien 4125 und 4119 (ca. 1 h Anfahrt von Innsbruck). Haltestelle "Schwaz Silberbergwerk".
Ausgangspunkt/P: AP ist der P direkt beim Silberbergwerk Schwaz.
Infos/Gaststätten: *Restaurant Knappenkuchl direkt beim Silberbergwerk Schwaz, Tel. 05242-62554, www.knappenkuchl.cc. *Silberbergwerk Schwaz (Führung ca. 90 min), Tel. 05242-72372, www.silberbergwerk.at.

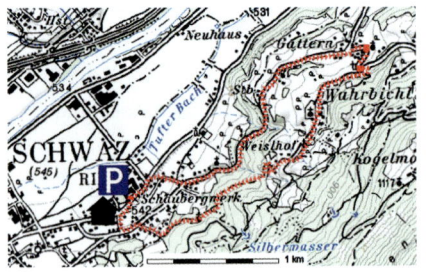

Wegbeschreibung Schwazer Kapellenweg:
Vom Silberbergwerk (hier bereits die Bergwerkskapelle) der „Alten Landstraße" stadtauswärts folgen, nach ca. 300 m rechts steil hinauf („Ried"). Nach

Tuxer Alpen

wenigen Metern trifft man rechts des Weges auf den (vergitterten) Eingang eines alten Stollens. Weiter bergan bis nach insgesamt 500 m links die Straße nach Gallzein abzweigt (Zehn-Kapellenweg ausgeschildert). Dieser Straße weitere 2,3 km folgen (nicht den Waldpfad parallel zur Straße nehmen) bis durch den Ortsteil Gattern (hier in prächtiger Aussichtslage die Kreuzkapelle). Nach zwei Serpentinen zweigt nach rechts (ausgeschildert) der Weg zum Wahrbichl ab. Nach drei weiteren Kapellen ist der Weislhof erreicht, hier beim Brunnen dem Weg abwärts folgen und den schmalen, holprigen Waldweg hinunter. Bald wieder auf breiter, geschotterter Straße, vorbei an einer weiteren Kapelle, führt der Weg wieder ins bewohnte Gebiet. Der kürzeste Weg zurück zum Silberbergwerk folgt den Straßen „Ried Malerwiese", dann links und gleich wieder rechts hinunter die „Reitgasse". Unten angekommen liegt gleich rechts das Bergwerk.

V. Für Kinderwagenextremisten:
Da geht doch noch mehr!

Wer über unbändigen Tatendrang und entsprechende Kräfte verfügt, mit einem überaus geduldigen Nachwuchs gesegnet ist und einen sehr stabilen Kinderwagen sein eigen nennt, der kann sich noch mehr trauen als in den vorangegangenen Kapiteln vorgeschlagen. Vorweg aber gleich eine Warnung: Diese Wanderungen werden nicht generell empfohlen, sondern sind als Tipps für jene Eltern zu verstehen, die über genügend alpine Erfahrung verfügen, um Länge und Schwierigkeit der Touren, aber auch die aktuellen Witterungsbedingungen einschätzen zu können.

Für Kinderwagenextremisten

48. Pleisenhütte (1757 m)

Vom legendären „Pleisentoni", Bergführer, -retter, Höhlenforscher und Hüttenwirt unter großem körperlichen Einsatz errichtet, ist die Pleisenhütte ein Denkmal der Begeisterung für das Karwendel. Heute wird die Hütte von seinem Sohn bewirtschaftet und ist ein lohnendes Ziel für jene, die die herrliche Sicht von der Hohen Munde bis über die Karwendelgipfel von der Sonnenterrasse der Hütte aus genießen mögen.

Anforderung:	Brutal; nach oben steiler werdender, grobschottriger Fahrweg.
Dauer:	2,5 h; 7,3 km eine Strecke; ca. 770 Hm.
Wetter:	☽ Klass. Wanderwetter. Südexponiert.

Für Kinderwagenextremisten

Anfahrt: Auf der A12 Inntalautobahn bis Zirl, dann über den Zirler Berg auf der Seefelder Straße (B177) bis Scharnitz und dem Wegweiser „Karwendeltäler" nach rechts folgen. Gebührenpflichtige Parkplätze.

Infos/Gaststätten: *Pleisenhütte, privat, Tel. 0664-9158792, bewirtschaftet von Anfang Juni bis Ende Oktober.

Wegbeschreibung Pleisenhütte:

Von Scharnitz kurz dem Hinterautal folgen, dann links hinauf dem Forstweg zur Pleisenhütte folgen (beschildert). Ab ca. 1400 m wird die Straße deutlich schlechter.

Für Kinderwagenextremisten

49. Wettersteinhütte (1717 m)

Auf einem kleinen Sporn an der Waldgrenze gebaut ist die Wettersteinhütte ein schweißtreibendes, wenn auch nicht allzu zeitintensives Wanderziel für sportliche „Kinderwageneltern". Als Lohn der Mühe lockt neben den Schmankerln der Hüttenwirte die herrliche Aussicht, von der gegenüberliegenden Hohen Munde bis weit in die Stubaier Alpen.

Anforderung:	Brutal; überwiegend steiler, gut geschotterter Fahrweg, abschnittsweise sehr steile Geröllpassagen (v.a. bald nach dem Start und auf den letzten 150 Hm).
Dauer:	1h 30 min; 4,2 km eine Strecke; ca. 525 Hm.
Wetter:	☽ Klass. Wanderwetter. Südexponiert.

Für Kinderwagenextremisten

Anfahrt: Von Innsbruck über die A12 Inntalautobahn bis zur Ausfahrt „Telfs Ost", dann im 1. Kreisverkehr geradeaus Richtung Seefeld, im 2. Kreisverkehr rechts (L36). Hinauf nach Bairbach, dort links abbiegen (L35, Richtung Leutasch). Über die Buchener Höhe und bei der ersten Möglichkeit links, dann der Straße zunächst durch den Ortsteil Moos, dann Obern folgen, bis über die Brücke. Hier links (ausgeschildert Gaistal), vorbei am Mauthäuschen (4 €) bis zum Parkplatz Stupfer. (Navi: Klamm 55, 6105 Leutasch).
Infos/Gaststätten: *Wettersteinhütte, Tel. 0660-3462100, www.wettersteinhuette.at, Mitte Mai bis Anfang Nov. geöffnet.

Wegbeschreibung Wettersteinhütte:
Vom P aus die Gaistalstraße queren und dem ausgeschilderten Fahrweg zur Wettersteinhütte folgen. Nach ca. 50 Hm wird der Weg für etwa 60 Hm grobschottrig und sehr steil, dann ist der Fahrweg von Klamm erreicht, der ohne Probleme bis auf ca. 1600 m führt. Ab hier wiederum sehr steil und über lockere, große Steine bis zu einem Bach, von dem in wenigen Schritten die Hütte erreicht ist.

Für Kinderwagenextremisten

50. Schlicker Alm / Kreuzjoch
(1643 m bzw. 2081 m)

Die Schlick, wie das Hochtal unterhalb des beeindruckenden Kalkmassivs der Schlicker Seespitze kurz genannt wird, ist ein Tipp für föhnige Tage. Nach den ersten 600 steilen Höhenmetern bietet der idyllische Almboden eine kurze Verschnaufpause, bis sich der Weg – immer vor der beeindruckenden Kulisse der Kalkkögel – auf dem neuangelegten Naturlehrpfad an der Zirmachalm vorbei bis zur Bergstation der Skilifte am Kreuzjoch hinaufwindet. Weniger anspruchsvoll, aber für Kinder im Volksschulalter spannend, sind die beiden ganz neuen, kinderwa-

Für Kinderwagenextremisten

gentauglichen Wanderungen "Stubai Baumhausweg" (Klettern durch die Baumwipfel) und "Scheibenweg" (Holzscheiben entlang des Wanderweges mitrollen lassen), die man am besten von der Mittelstation Froneben startet.

Anforderung: Brutal; im unteren Teil sehr steiler, jedoch meist gut geschotterter Weg. Oberhalb der Schlicker Alm abschnittsweise nicht viel breiter als ein Kinderwagen.
Dauer: 2 h; 5,5 km eine Strecke; ca. 650 Hm bzw.
3 h 15 min; 8,7 km eine Strecke; ca. 1080 Hm.
Wetter: ◐ Klass. Wanderwetter. Bei Föhnlagen ist die Schlick meist windgeschützt (nicht jedoch die Kammhöhe).

Anfahrt: Von der (mautpflichtigen) A13 Brennerautobahn bei der Ausfahrt „Schönberg" abfahren, geradeaus weiter auf der Stubaitalbundesstraße B183 taleinwärts fahren. Nach ca. 3,5 km rechts abbiegen (ausgeschildert Telfes, L337), beim nächsten Abzweig links Richtung Fulpmes (immer den Schildern des Skizentrums „Schlick 2000" folgen) bis zu den großen Parkplätzen der Liftanlagen „Schlick 2000". Im Sommer findet man meist oben Parkplätze, sonst die weiter unten gelegenen verwenden.
Infos/Gaststätten: *Froneben Alm (1306m), www.froneben-alm.at, Tel. 05225-62211, geöffnet von Anfang Juni bis Ende Sept. *Alpengasthof Schlicker Alm, etwas unterhalb ein Barfußwanderweg und Spielstationen für Kinder, Tel. 05225-62409, www.schlickeralm.at. *Panoramarestaurant Kreuzjoch, direkt bei der Bergstation, mit Spielplatz, Tel. 05225-62321-500, www.schlick2000.at/de/28204.

Wegbeschreibung Schlicker Alm / Kreuzjoch:
Unter der Talstation der Liftanlagen vorbei auf der breiten Forststraße den Schildern „Froneben", dann „Schlicker Alm" folgen. Von der Schlicker Alm zunächst weiter auf dem Fahrweg, bis links der neuangelegte Naturlehrweg abzweigt. In zahlreichen Kehren vorbei an der Zirmachalm bis zum Kreuzjöchl.
Wer statt der gesamten Tour nur abwärts gehen mag, kann auch die Seilbahn bis zur Bergstation Kreuzjoch nutzen.

Für Kinderwagenextremisten

51. Falbesoner Ochsenalm (1822 m)

Die urige, kleine Alm am Weg zur Regensburger Hütte und damit zu einigen der anspruchsvollen Stubaier Gletschergipfeln wirkt als wäre von den unzähligen Touristen im Tal noch kaum jemand heraufgestiegen. Wenn sich nach den vielen Kehren der Forststraße endlich der Blick auf den Almboden, den mächtigen Wasserfall von der darüber liegenden Steilstufe und das hölzerne Almhüttl öffnet, dann lohnt es sich, genügend Zeit zum Genießen mitgebracht zu haben.

Anforderung: Brutal; sehr steiler, überwiegend gut geschotterter Forstweg.
Dauer: 2 h; 4,7 km eine Strecke; ca. 620 Hm.
Wetter: ☽ Klass. Wanderwetter, südostexponiert, halbschattig.

Für Kinderwagenextremisten

Anfahrt: Von Innsbruck über die A13 Brennerautobahn (Maut) bis zur Ausfahrt „Schönberg", der Bundesstraße B183 taleinwärts folgen bis 1,8 km hinter dem kleinen Ortsteil Volderau der Gemeinde Neustift eine Brücke den Bach quert. Unmittelbar danach rechts oder links der Straße parken (gebührenpflichtig).

Infos/Gaststätten: *Falbesoner Ochsenalm, offeriert eigenen Almkäse und Holzofenbrot, Tel. 0676-7414268.

Wegbeschreibung Falbesoner Ochsenalm:

Vom P aus bachabwärts auf der linken Seite der asphaltierten Straße ca. 250 m folgen, dann wieder links hinauf dem Forstweg zur Ochsenalm hinauf.

Für Kinderwagenextremisten

52. Blaser(hütte) (2241 m)

Der Blaser ist einer der wenig bekannten Brennerberge, weil ihm – im Gegensatz zu vielen seiner Nachbargipfel – die Seilbahnerschließung erspart geblieben ist. Zu der ca. 50 m unterhalb des Gipfels gelegenen Blaserhütte führt jedoch ein komfortabler Fahrweg und selbst die sanften, edelweißbewachsenen Wiesenhänge bis zum Gipfel lassen sich mit dem Kinderwagen befahren. Der Lohn der Mühe ist ein Ausblick von der Nordkette über den Olperer bis zu den Tribulaunen, den zu genießen eine ausgiebige Gipfelrast eingeplant werden sollte.
Achtung: Verschlossenes Tor direkt beim AP sowie auf ca. 1900 m.
2. Erwachsener zum Drüberheben des Kinderwagens sinnvoll.

Für Kinderwagenextremisten

Anforderung: Brutal; steiler, aber gut geschotterter Forstweg.
Dauer: 3 h 30 min; 8 km eine Strecke; ca. 900 Hm.
Wetter: ☽ Stabiles Bergwetter, lohnend v.a. bei guter Sicht. Schatten nur unterhalb der Waldgrenze (ca. 1900 m).

Anfahrt: Über die A13 Brennerautobahn bis zur Ausfahrt „Matrei", dann rechts auf der B182 bis nach Steinach und dort wieder rechts den Schildern nach Trins folgen. Bald hinter dem Ortseingang ist rechts die Blaserhütte ausgeschildert. Auf steiler und schmaler Straße hinauf, bis rechts des P für Wanderer erreicht ist.
Infos/Gaststätten: *Blaserhütte (2176 m), Tel. 0664-5718200, www.blaserhuette.at, geöffnet Anfang Juni bis Ende September.

Wegbeschreibung Blaser(hütte):

Vom P aus dem ausgeschilderten Weg zur Blaserhütte folgen. Kurz nach der ersten Kehre rechts halten (Schild „Blaser Bikerstrecke"). An der Waldgrenze (auf ca. 1900 m) muss das verschlossene Tor mittels Trittstufen überwunden werden. Von dort schlängelt sich der Fahrweg durch die Blumenwiesen bis zur Blaserhütte.

Für Kinderwagenextremisten

53. Patscherkofel (2246 m)

Der Innsbrucker Hausberg mit dem markanten Sendeturm auf der waldfreien Gipfelkuppe ist ein beliebtes Ziel von Wanderern und Mountainbikern, im Winter von Skifahrern. Kinderwägen sind am Gipfel jedoch selten, aufgrund der beachtlichen Höhendifferenz ist die Tour somit eher ein Fall für einheimische Kinderwagenextremisten, die „ihren" Patscherkofel auch mit Baby besteigen wollen. Sieht man über die Verbauung hinweg, ist das Ziel in jedem Falle lohnend: Nicht nur die Landeshauptstadt, sondern auch das Inntal, die Stubaier Alpen und die Nordkette sind zum Greifen nah.

Anforderung:	Brutal; (sehr) steiler, jedoch meist gut geschotterter Fahrweg.
Dauer:	4 h; 10,6 km eine Strecke; ca. 1200 Hm.
Wetter:	○ Klass. Wanderwetter, bei Wind nicht empfehlenswert.

Für Kinderwagenextremisten

Anfahrt: Von Innsbruck über die A13 Brennerautobahn bis zur Ausfahrt „Patsch" (mautpflichtig), alternativ die L9 über Igls. Nach dem Ortsbeginn bis zur Haltestelle „Patsch Dorf", dort links hinauf (Heiligwasserweg). Der Weg startet am Dorfrand. Kein ausgewiesener P, jedoch ausreichend Parkmöglichkeit im bebauten Gebiet.

Infos/Gaststätten: *Patscher Alm (1694 m), Tel. 0664-4053026, Di Ruhetag. Mai bis Okt. geöffnet. *Hochmahd Alm (1907 m), Tel. 0650-4730567. *Schutzhaus Patscherkofel (1970 m), ÖAV-Hütte, Tel. 0512-377196, www.schutzhaus-patscherkofel.at.

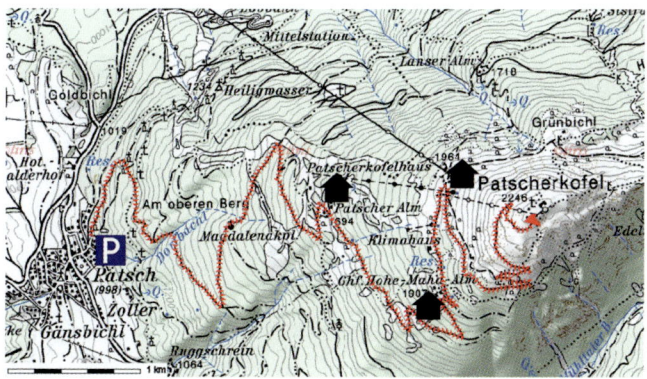

Wegbeschreibung Patscherkofel:

Dem Heiligwasserweg weiter aufwärts folgen, ausgeschildert „Patscher Alm" und „Patscherkofelhaus". Auf gutem Fahrweg in vielen Kehren vorbei an der Patscher Alm, Hochmahd Alm, dem Schutzhaus Patscherkofel (Bergstation der Patscherkofelbahnen) bis zum Gipfel.

Für Kinderwagenextremisten

54. Schlüsseljoch (2212 m)

Die alte, im Verfall begriffene Militärstraße auf das Schlüsseljoch, die Mussolini nach dem Ersten Weltkrieg zur Absicherung der neugewonnenen Nordgrenze Italiens erbauen ließ, hat in einem Kinderwagenwanderführer nichts verloren: Sie ist nicht nur extrem steil, sondern über weite Teile auch sehr grobschottrig und an den erodierten Passagen auch mit Geröll und losen Blöcken bedeckt. Gäbe es nicht die atemberaubende Aussicht hinunter ins Pfitsch, die durchaus auch weit vor dem höchsten Punkt schon zu genießen ist, dann wäre die Tour auch nicht als Schluss- und Höhepunkt in dieses Kapitel aufgenommen worden.

Für Kinderwagenextremisten

Anforderung: „Brutalstmöglich"; nach ca. 150 Hm auf normaler Forststraße überwiegend mit grobem Schotter und losem Geröll bedeckt, teils unfahrbar (Tragepassagen kalkulieren). Sehr stabiler Kinderwagen nötig.
Dauer: 3 h; 6 km eine Strecke; ca. 830 Hm.
Wetter: ○ Klass. Wanderwetter, lohnend nur bei guter Sicht. Südexponiert.

Anfahrt: Von Innsbruck über die A13 Brennerautobahn bis zur Ausfahrt „Sterzing / Vipiteno", weiter ins Pfitscher Tal / Val di Vizze bis zum Ort Fussendrass / Fossa Trues. Nach rechts über die Brücke und direkt danach parken.
Infos/Gaststätten: Kein Gasthof an der Strecke.

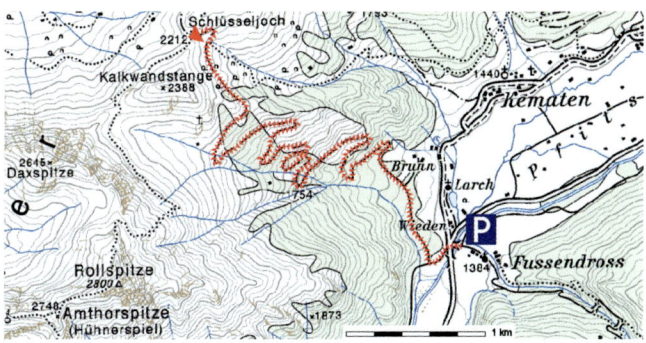

Wegbeschreibung Schlüsseljoch:
Zurück über die Brücke und ca. 100 m talauswärts auf der Straße, bis rechts und kurz darauf nochmals rechts der Weg zum Schlüsseljoch abzweigt.

Tipps zur Ausrüstung

Wer zum ersten Mal mit dem Nachwuchs eine Wanderung unternimmt, ist vielleicht noch ein bisschen unsicher, welche Ausrüstung dafür unbedingt notwendig ist und was völlig überflüssigen Ballast darstellt. Auch Bergerfahrenen sei deshalb empfohlen, zunächst auf kürzeren und einfacheren Touren etwas Erfahrung mit den eigenen Bedürfnissen und jenen des Kindes zu machen.
Der Wetterbericht ist eine wichtige Entscheidungshilfe beim Zusammenstellen der Ausrüstung; dabei ist es sinnvoll, mit etwas schlechterem Wetter zu rechnen als vorhergesagt, um nicht in unangenehme Situationen zu geraten.
Im Folgenden habe ich eine kurze Liste zusammengestellt, die beim Packen helfen soll.

1. Verpflegung
Stillende Mütter haben es bei den Wanderungen relativ leicht. Außer auf die eigene Flüssigkeitszufuhr müssen sie auf wenig achten. Manchmal kann es nützlich sein, etwas heißes Wasser in der Thermosflasche mitzunehmen, z.B. im Winter für die Wärmeflasche.
Für Fläschchenkinder ist abgekochtes heißes Wasser in der Thermosflasche ohnehin unerlässlich. Zusätzlich ist eine Flasche mit (abgekochtem) kalten Wasser nützlich: zum Kühlen des heißen Wassers, zum Hände und evtl. Po abwischen und zum Löschen des eigenen Durstes.

Ab der Beikostreife sind handgerechte Knabbersachen (Hirsebällchen, Reiswaffeln, Babykekse u.ä.) für zwischendurch immer nützlich. Ab diesem Alter kann man auch die fertige Mittagsmahlzeit gut mitnehmen. Gut erhitzt und verpackt (z.B. in isolierenden Handschuhen oder Mützen) ist der vorgekochte Brei auch nach zwei Stunden noch ausreichend warm.

Wichtig ist, für jeden immer ausreichend Getränke mitzunehmen. Reines Wasser ist der beste Durstlöscher. Manche Kinder haben an der frischen Luft einen viel größeren Appetit als zu Hause. Ein raunzendes, aber grundsätzlich gesundes Kleinkind im Freien hat meist entweder einen knurrenden Magen oder es ist müde. Für beides kann man bei einer Wanderung mit einem gepackten Rucksack und einem Kinderwagen Abhilfe schaffen.

2. Bekleidung

- Wechselkleidung für Kinder jeder Altersstufe. Für die ganz Kleinen, weil sie sich vielleicht erbrechen oder schwitzen, und für die Größeren, weil sie sich anschütten oder ins Wasser fallen oder schwitzen oder ...
- Regenschutz: Für die Kleinen einen Kinderwagenschutz und für die Größeren Regenbekleidung.
- Hauben (im Sommer auch auf den Almen) und/oder Sonnenkappen mit Schild der Jahreszeit entsprechend.
- Babydecke oder warmen Fußsack (Daune oder Fell) je nach Jahreszeit. Ein Baby im Kinderwagen bewegt sich kaum und friert viel schneller als die Eltern, die gerade den Kinderwagen schieben. Sehr gefährlich sind aus diesem Grund die Rückentragen (Kraxen) in der kalten Jahreszeit.
- 2 Stoffwindeln (als Kopfunterlage, Spucktuch, Schattenspender, „Händeabwischer" etc. verwendbar).
- Warme Jacke für den Fall einer Wetteränderung und auf alle Fälle für die höhergelegenen Almen. Auf 1500 m Höhe ist es im Mittel ca. 6–9°C kälter als im Inntal!
- Gutes Schuhwerk mit Profil (sofern der Sprössling schon selber gehen kann).

3. Trage bzw. Tragetuch

Eine Rückentrage (Kraxe) zusätzlich zum Kinderwagen ist zuviel des Guten. Manchmal möchten jedoch auch die ganz Kleinen aus dem Wagen genommen werden. Für diese Fälle eignen sich eine Tragehilfe oder ein Tragetuch, die sich klein zusammengefaltet im Rucksack oder Kinderwagen verstauen lassen.

4. Pflege/Schutz (je nach Jahreszeit)
- 2–3 Windeln, doppelt so viele Feuchttücher (evtl. Plastiksackerl für den Müll mitnehmen). Evtl. Wickelunterlage.
- Sonnenschutz am Kinderwagen sowie Sonnencreme oder Wind- und Wettercreme.
- Evtl. Mückennetz für Kinderwagen.
- Verbandszeug (für die größeren Kinder und für dich selber).
- Evtl. Schnuller und Kuscheltier oder -tuch etc., um dem Baby das Einschlafen in (noch) ungewohnter Umgebung zu erleichtern.

5. Sonstiges
- In der kalten Jahreszeit ist auch manchmal eine Wärmeflasche nützlich, die man mit mitgebrachtem Wasser aus der Thermosflasche füllt.
- Taschenmesser (zum Apfel Schälen, Pflaster Abschneiden, Rindenschifferl Schnitzen, Breipackerl Aufschneiden etc.).
- Decke (evtl. beschichtet) für den Rastplatz und gegen die Kälte.
- Bei gehenden Kindern und bei entsprechendem Wetter sind Hüttenpatschen oder -socken praktisch, wollen sie doch meist auf der Bank herumturnen und so erspart man sich das Schuhe an-, Schuhe ausziehen. Auch eine „Gatschhose" bewährt sich ab diesem Alter.

Der passende Kinderwagen
Trotz des überbordenden Angebots an Kinderwägen ist ganz klar: DEN passenden für jede Lebenslage gibt es nicht. Wer vor einem Neukauf steht, tut gut daran, den Wagen nach dem Haupteinsatzort auszuwählen: in der Stadt, mit Bussen und in Einkaufszentren und Parks oder doch eher in der „wilden" Natur?

Auf alle Fälle kann man auch mit „Stadtkinderwägen" schöne Wanderungen machen. Dafür muss man nicht extra einen Sportwagen kaufen. Alle als „leicht" (grün) gekennzeichneten Touren sind mit einem „Stadtkinderwagen" befahrbar.

Hier ein paar Tipps zum Kinderwagenkauf: Sinnvoll ist, dass
- der Griff höhenverstellbar ist (bei Steigungen praktisch),
- er zusammengelegt in den Kofferraum passt,
- er nicht zu schwer ist (das macht sich bei Höhenmetern bemerkbar), aber dennoch stabil,
- er nicht zu breit ist (um gut mit öffentlichen Verkehrsmitteln fahren zu können),
- er einen Schwenkschieber hat, damit das Kind mit bzw. gegen die Fahrrichtung schauen kann,
- er über einen großen Stauraum verfügt und dieser nicht zu weit nach unten durchhängt („gatschige" Wege),
- die Federung weich ist.

Wer sich für einen **geländegängigen** Kinderwagen entscheidet, sollte darüber hinaus darauf achten, dass
- er mit größeren und breiteren (Luft-)Reifen (ab ca. 20 cm Durchmesser) ausgestattet ist,
- Schwenkräder festgestellt werden können,
- zusätzlich zur Feststellbremse eine Handbremse vorhanden ist.

Eine Empfehlung ist, einen gut erhaltenen, hochwertigen Kinderwagen vom Gebrauchtmarkt zu kaufen. Vielfach lohnt es auch, einen geländegängigen Kinderwagen für die Wanderungen mit einem kleinen Stadtbuggy zum Einkaufen zu ergänzen.

CLEAN CLOTHES

KAMPAGNE FÜR „SAUBERE" KLEIDUNG WELTWEIT

Der Großteil unserer Kleidung wird in Lateinamerika, Asien und Afrika hergestellt. Die normale Arbeitszeit beträgt zwischen 14-17 Stunden täglich, 7 Tage die Woche! Die sklavenähnlichen Bedingungen der ArbeiterInnen erinnern an die Bedingungen in Europa im 19. Jahrhundert. Nur, dass diesmal Reich & Arm nicht mehr im selben Land, sondern 10.000 Kilometer entfernt voneinander leben. In den Fabriken hängen oft Markenhemden und Billighemden nebeneinander. Ein teures Markenhemd sagt keinesfalls aus, dass die Arbeitsbedingungen bei der Hestellung besser waren.

Die Clean Clothes - Kampagne, die von hunderten Organisationen und ArbeiterInnenverinigungen rund um die Welt getragen wird, setzt sich für die Rechte der ArbeiterInnen und eine Verbesserung der Arbeitsbedingungen in der internationalen Bekleidungs- und Sportartikelindustrie ein.

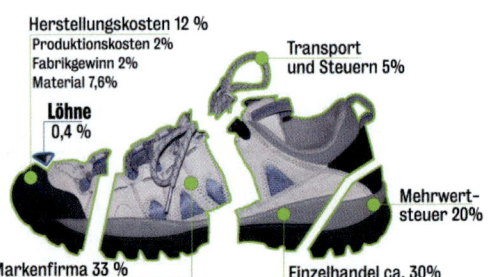

Wer bekommt die 100,– Euro für meine Sportschuhe?

- Herstellungskosten 12 %
  - Produktionskosten 2%
  - Fabrikgewinn 2%
  - Material 7,6%
- **Löhne** 0,4 %
- Transport und Steuern 5%
- Mehrwertsteuer 20%
- Einzelhandel ca. 30%
- Markenfirma 33 %
  - Profit 13,5%, Forschung 11% Werbung 8,5 %

SCHREIBEN SIE UNS ODER RUFEN SIE UNS AN!
Abonnieren Sie konstenlos den Rundbrief der Clean Clothes Kampagne und informieren Sie sich über Herstellungsweisen - z.B. was hinter Markenartikel-Herstellern steckt:
CH: www.cleanclothes.ch   D: www.sauberekleidung.de   Ö: www.cleanclothes.at

Was ist FAIRTRADE?

FAIRTRADE ist ein Verein zur Förderung des FAIREN Handels mit dem Süden. Nur wer sich an die strengen Auflagen hält, darf das FAIRTRADE-Siegel verwenden. Mitglieder des Vereins sind u.a.: Caritas, Katholische Jugendschaft, Evangelische Jugend, Grüne Bildungswerkstatt, Österr. Hochschülerschaft, PfadfinderInnen Österreichs, WWF-World Wide Fund for Nature und viele mehr.

WOFÜR STEHT DIESES FAIRTRADE-SIEGEL?

- Direkter Handel mit den ProduzentInnen und KleinbäuerInnen unter Ausschaltung der lokalen Zwischenhändler
- Dadurch FAIRE Preise für die ProduzentInnen & kontrollierter Warenfluss nach Europa
- Prämie für soziale & ökologische Entwicklung
- Gesetzliche Mindestlöhne & arbeitsrechtliche Mindeststandards
- Verbot von Kinderarbeit und sklavenähnlicher Zwangsarbeit
- Naturnahe & nachhaltige Anbaumethoden sowie Schutz des Regenwaldes
- Schutz natürlicher Gewässer & des Trinkwassers

Fairtrade
W.: www.fairtrade.net
W.: www.fairtrade.de
W.: www.fairtrade.at

Alphabetisches Register

Achenseeuferweg, S. 20
Adolf-Pichler-Weg, S. 29
Alpenzoo, S. 32
Arzler Alm, S. 35

Bachwiesenweg Trins, S. 123
Bärenbad / Sedugg, S. 108
Blaser, S. 170

Eibsee, S. 50

Falbesoner Au, S. 93
Falbesoner Ochsenalm, S. 168
Falzthurnalm / Gramaialm, S. 23
Feldringalm, S. 83
Ferchensee, S. 59
Franz-Senn-Weg, S. 111

Gaistalalm, S. 65
Gleirschalm, S. 89
Götzner Panoramarunde, S. 96
Gramaialm, S. 23

Heiligwasser, S. 133
Hinterhornalm / Walderalm, S. 26
Höttinger Bild, S. 40

Innpromenade, S. 38
Innsbrucker Almenweg, S. 99

Judenstein, S. 148

Kaserstattalm, S. 114
Klaiser Seenrunde, S. 46
Kühtaier Seen, S. 86

Lanser See, S. 139
Lafasteralm, S. 154
Laponesalm, S. 120
Lärchenwiesenweg Obsteig, S. 72

Leutascher Achweg, S. 62
Loisachquellen/Mittersee, S. 75
Lottensee / Wildmoossee, S. 68
Lüsener Fernerboden, S. 91

Möserer See, S. 70
Mittersee, S. 75

Naviser Almenrunde, S. 130
Nonsalm /Lafasteralm, S. 154

Obernberger See, S. 126
Oberperfer Wiesenweg, S. 93

Patscherkofel, S. 172
Pfurtschell / Kaserstattalm, S. 114
Piburger See, S. 80
Pleisenhütte, S. 162

Riedboden, S. 56
Rinner Alm, S. 151
Rosengarten, S. 136

Sedugg, S. 108
Schillerweg / Alpenzoo, S. 32
Schlicker Alm, S. 166
Schloß Ambras, S. 142
Schlüsseljoch, S. 174
Schwazer Kapellenweg, S. 157
Stubaier Sonnseite, S. 117

Telfer Wiesen, S. 102
Teufelsmühle, S. 145
Tummelplatzweg / Schloß Ambras, S. 142

Walchensee, S. 42
Walderalm, S. 26
Wettersteinhütte, S. 164
Wildsee am Kranzberg, S. 53
Wildmoossee, S. 68

Platz für Notizen:

_____
_____
_____
_____
_____
_____

Kontakt: Elisabeth Göllner-Kampel
m: office@wandaverlag.com, **t:** +43 (0) 6246 735 44

...verschafft Zeit zum Genießen

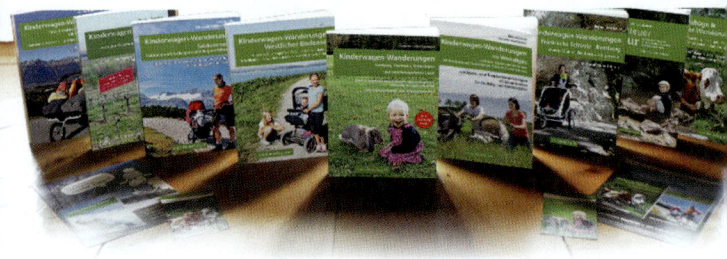

Der wandaverlag ist ein kleiner, unabhängiger Verlag am Fuße des Untersbergs. Jeder Wanderführer entsteht durch großes persönliches Engagement und viel Leidenschaft für ein perfektes Buch.

Was uns am Herzen liegt:
- Durch unsere akribischen Recherchen, genauen und trotzdem nicht zu langatmigen Angaben, durch unser übersichtliches Layout und die vielen kleinen Einzelheiten möchten wir Zeit zum Genießen verschaffen — unserer Leserschaft zuliebe.
- Wir unterstützen mit unseren Büchern die Initiativen Fair Trade und Clean Clothes — der Fairness zuliebe.
- Wir legen Wert auf umweltschonenden Druck — der Natur zuliebe.
- Durch die Angabe von öffentlichen Verkehrsverbindungen möchten wir ein umweltfreundliches Anreisen fördern — der Umwelt zuliebe.

Vielen Dank für euer Vertrauen! Wir freuen uns über jede Rückmeldung zu unseren Büchern und Wanderwegen.

Elisabeth Göllner-Kampel
(Verlegerin & Wanderbuchautorin)